U0514078

今古学考

廖平 著

四川文艺出版社

图书在版编目（CIP）数据

今古学考 / 廖平著. 一成都：四川文艺出版社，2021.12
ISBN 978-7-5411-6209-1

Ⅰ. ①今… Ⅱ. ①廖… Ⅲ. ①经学 – 研究 Ⅳ. ①Z126

中国版本图书馆CIP数据核字（2021）第242233号

JINGUXUEKAO

今古学考

廖 平 著

出 品 人	张庆宁
策 划 人	燕啸波　谢信步
责任编辑	李小敏　张亮亮
封面设计	叶 茂
内文设计	史小燕
责任校对	文 雯
责任印制	崔 娜

出版发行　四川文艺出版社（成都市槐树街2号）
网　址　www.scwys.com
电　话　028-86259287（发行部）　028-86259303（编辑部）
传　真　028-86259306

邮购地址　成都市槐树街2号四川文艺出版社邮购部　610031
印　刷　成都东江印务有限公司
成品尺寸　130mm×185mm　　开　本　32开
印　张　5　　　　　　　　字　数　70千
版　次　2021年12月第一版　印　次　2021年12月第一次印刷
书　号　ISBN 978-7-5411-6209-1
定　价　42.00元

今古学考

六译圣人赞

据说，列文森是少见的有形而上学素质的西方汉学家，外加随身的犹太文化背景，其见识因此格外不同凡响。在其被誉为 "天才"之作的《儒教中国及其现代命运》中，列文森将清末民初的大儒廖平（1852—1932）看作儒学"已经失去了伟大意义"的"一个无足轻重的例子"，一生"一事无成"，著作充满了儒家传统令人厌恶的"空言"，其历史意义仅在于代表儒学宣告退出了"历史舞台"。列文森还说，廖平思想"稀奇古怪"，恰恰证明他的生活太"平庸"，没有与现实政治保持生机勃勃的联系。就算康有为抄袭了廖平，仍然比廖平了不起，因为康有为将廖平的抑古尊今思想转变成了现实的政治改革行动，为儒学提供了"最后一次服务于近代中国政治的机会"——廖平 "度过了平庸的一生"，而康有为却"差点因吸收了廖平的观点而丧生"。

如果按照这位思想史家评价某种形而上学是否了不起的尺度，罗森茨维格、拜克、索勒姆、列维纳斯等现代犹太教思想大师都 "平庸一生"，其历史意义不过在于他们代表犹太教思想彻底退出了"历史舞台"，因为他们的思想同样没有转变成任何现实的政治改革行动。至于本雅明那样的犹太"形而上学"家竟然畏惧现实政治到了干脆自己了断的地步，其思想当然就更是"稀奇古怪"的"空言"无疑了。海德格尔参与了十个月的纳粹政治，其动机可能与康子的"维新"没有什么实质差别，他的形而上学是否因此才非"空言"呢？可是，这位二十世纪公认的泰西头号形而上学家说，要求形而上学为革命作准备，实在滑天下之大稽，就像说"木工刨床不能载人上天，所以应当丢弃它"（《形而上学导论》）。列文森的所谓"天才"之作不过杂感随笔而已，人说其有什么了不起的洞见，很可能是谣言。

说廖平思想"稀奇古怪"，倒不是列文森开的头，这话出自上朝国学大师。章太炎在廖平墓志铭中赞其"于古、近经说无不窥""学有根柢"，同时又责其说有"绝恢怪者"。自此以后，业界论者在评说廖平时，无不沿袭太炎腔调，侈言廖平一生思想六变，越变越妄诞：什么"其学非考据，非义理，非汉非宋，近于逞臆，终于说怪，使读者迷惘不得其要领"；什么"东拉西扯，凭臆妄断，拉杂失伦，有如梦呓"云云；甚至说廖平代表儒学宣告退出"历史舞台"，也并非列文森独有的杂感，而是当今为廖平著书立说的国朝经学史家的说法——廖平证明了经学终结的 "必然性"云云。

列文森以"现实历史效用"妄说廖平当属凡夫谈圣人，自绝于士林。但对自上朝到国朝的经史家们的评断，就不能这么说了，诸论无不有"家法"——古文家的"家法"：训诂、明物考辨到家，就是绝活，否则就是"恢怪"之论。于是，经史家们盛赞廖子平分今古，《今古学考》为"不刊之作"（俞樾）；"贯彻汉师经例……魏晋以来未之有也"（刘师培）。到国朝学界，这"家法"大为扩充：什么"科学性""历史潮流""合符理性"，不一而足。在这些现代的新古文家"家法"看来，廖子二变以来的论著，都是没有"科学性"的妄言，必然为"历史潮流"淘汰。

如此"家法"与廖子的形而上学有何相干？泰西的"科学性""历史潮流""实证理性"比我华夏王土厉害不知几何，未见把海德格尔的形而上学逼死，怎么就可以逼死廖子的天学？

幸好廖子精通乾嘉功夫，不然考据家总会有把柄，必讥其不通绝活还自标高超。廖子了不起，他用乾嘉功夫做出绝活后，马上将这绝活判为生盲：

　　国朝经学，喜言声音训诂，增华踵事，门户一新，固非宋明所及。然微言大义，犹尝未闻，嘉道诸君，虽云通博，观其共撰述，多近骨董，喜新好僻，凌割《六经》，寸度铢量，自矜渊博，其实门内之观，固犹未启也（《经话》甲编卷一，4）。

　　六经中有微言，这不是训诂、明物考辨到家就可以得到的，"知圣"才是搞通六经的真正起点。

　　为什么事经学要"知圣"？哲学是圣人之事，经学乃哲学，因此要"知圣"。"哲学名词，大约与史文事实相反。惟孔子空言垂教，以俟知天，全属思想，并无成事，乃克副此名词"（《孔经哲学发微》凡例1）。"哲学"这个词中国古代无之，系从日本引进。学界为此发生过中国究竟有无"哲学"的论争，而廖子在1913年由中华书局刊行的《孔经哲学发微》中已经铮铮有言：中国传统经学就是哲学。

经学是史学，"六经皆史"乃先儒不移之论，何以说经学是哲学？

后汉以降，将经学还原成史学，渐成中国学术主流，以至于国朝有史学大师说，章实斋堪称中国两千年来唯一的历史哲学家，可与什么柯灵乌（R. G. Collingwood）相比。如今，经学只能是经学史，否则必被视为"恢怪"之论。随着当今泰西人类学、社会学日新月异，经学史不仅成了社会文化史的一种，还经为史也成了"思想进步"。对廖子思想越变越怪的评断，就体现了如此源远流长的还经为史的史家之见和现代的"进步思想"。

廖子了不起，他敢踏谑（我巴人方言）以史学取代或冒充哲学：以经为史者，"以蛙见说孔圣，犹戴天不知天之高，履地不知地之厚"。自近代科学兴盛以来，历史科学和历史意识"还经为史"在西方同样气势汹涌，有西式乾嘉功夫（古典语文学）的尼采敢于诋毁史学，捍卫哲学："史学的正义，即便它真正地并且在纯粹的意向中得到实施，也是一种可怕的德性，因为它总是销蚀活生生的东西，并使之衰亡，史学的裁判永远都是毁灭。"（《史学对人生的利弊》7，李秋零译文）尼采可以为了哲学诋毁历史学，廖子为什么就不可以？

"六经皆史"之说，市虎杯蛇，群入迷雾。外人推测进化公理，尚疑《尚书》夸饰；且谓黄帝以来，疆域广博，至姬周，而内地多夷狄，楚则缺舌，吴乃文身，嗤笑中国人退化如此。"入吾室，操吾戈"，中国学者何以御之哉！诚知《尚书》之尧舜，非唐虞之真尧舜，则表里贯彻，可以说经、可以论史、可以博古、可以通今，而才智明达。（《五变记笺述》卷上）

何等富有远见！如今，"入吾室，操吾戈"者，已经不是洋人，而是国朝人文学者携种种西洋人类学、社会学兵器"同室操戈"。"六经皆史"说阉割了中国哲学智慧的血脉，以至于如今在经学领域竟然要以哲学为耻了。廖子敢冒后汉以来学术之大不韪，坚定地要经史分家——"六艺为旧史，六经为新作"，实为拯救中国哲学智慧之壮举。孔子删定六经是哲人之举，而非"如今之评文选诗"，更非如史家之整理旧史。纬书早就被古文家的历史法官判为变乱经义的"怪异之论"，廖子却视纬书为中国哲学之庋藏：

> 《纬》中所言解经之人，明为传解先师之言，何与于史而裁之？若以为史无所不言，则又何所区别乎？（《经话》乙编4）

王国维被形而上学可信与可爱的矛盾搞得头痛，离弃哲学搞考据；廖子因嘉道之学未闻微言，离弃考据成就哲学——在国朝学界，王国维被尊为士林圣人，廖平几乎被忘掉了，中国哲学智慧日益晦暗，有什么奇怪？

未免夸张罢？宋儒离传解经，别立四书为经，直奔性理形而上学，不是光大了中国哲学智慧？二十世纪的新儒家大师们，谁不是接着宋儒往下说，而且据说把康德、海德格尔的形而上学也收拾了？

幸好廖子是读宋五子书长大的，不然新儒家也有把柄，必讥其不谙性理之道竟然自标孔孟传人。

廖子自述，"蚤年研求宋学，渐而开悟，有如伯玉知非，深识知行颠倒"（《四变记》）。这"知行颠倒"四字非同小可，首先，它说明了廖子思想第四变的理由：为什么要提出"天学"。

　　《论语》云，"未能事人，焉能事鬼"；"未知生，焉知死"。儒者引以为孔子不言鬼神之证，不知为学次第，不可躐等而进。未知生，不可遽言死；未事人，不可遽言鬼。若由今推数千年，自"天人之学"明，儒先所称诡怪不经之书，皆得其解。（《四变记》）

那些以为圣人"六合之外存而不论"的人可能搞错了，他们不晓得孔子哲学是分段数的，对不同的人要讲不同的学。"天学"是孔子最隐深的微言，古文家将今文学判为"怪异之论"就是不懂孔子还有"六合之外"的微言。

宋儒大谈天和性，不就在揭示孔子的天学微言吗？的确。然而：

诚意即《中庸》天学之"诚"，诚中形外，即诚则形。故"慎独"与《中庸》首章同，不见不闻，即所谓独往独来。《中庸》："诚者，天之道；诚之者，人之道"。以天人分，"至诚如神"，则在天学之上等，为道家之真人矣。"诚意"由人企天，为天人之交。四等名词，各分等级。汉儒言《大学》，犹不失先儒本意。隋、唐以后，佛学大盛，知止以后之定静安虑，得与知至之诚意，皆属天学，我道家言，与佛学近，本为平治以后至人、神人、化人、真人之学说。宋人餍闻佛说，遂以天学移于修身之前，说玄说妙，谈性谈心，皆属颠倒。使孔学至治平而止，则有人无天，囿于六合以内。圣量不全，固已不可；以尧、舜病诸之境量，责之童蒙，众生颠倒。（《孔经哲学发微：贵本观》）

嘉道学士和宋儒都不谙四书五经的微言大义之分。汉学以为六经只有大义，根本没有什么微言，还仅是使孔子微言蔽而不明；宋儒"知行颠倒"，把微言当大义，搞出人人可以成圣人的教义，祸国殃民，罪过大得多。

事情得从孔子说起。廖子一生学问六变，但"尊经尊孔"一以贯之。经为六经，是孔子所作，"尊经尊孔"等于一回事。太炎责廖平学说中有"绝恢怪者"，指的就是"六经为孔子所作"之论。太炎不明廖子所谓"六经为孔子所作"的"作"根本不是史家意义上的，而是哲学意义上的。廖子论证"六经为孔子所作"，根本不是依据"史实"，而是依据初代"知圣"者的"素王"之说："作"乃素王之举。

何谓"素王"？"素王"即哲人。用柏拉图笔下的苏格拉底的说法：哲人是立法者，关心、追究什么是应该的生活和何为公义的秩序。哲人追求真理、有德性，为天下立法，哲人应该是现世的统治者；但哲人实际上不能成为真的统治者（原因多多，此不详究），因而只能制定天下法，以俟懂理的君王。如果

souverainete du peuple （主权在民）而非souverainete de l'telligence （主权在智识——Donoso Cortes），生活秩序会是什么样？廖子从孔子 "作"《春秋》推论孔子"作"六经，依据的正是孟子所说的 "天子" 行为。所谓 "天子" 行为，就是在没有正义之法、homo hominis lupus， bellum omnium contra omnes （仁义充塞，则率兽食人，人将相食）的状态中为人世立法，使人民和国家生活重归良好的秩序。但孔子不是 "天子"，他在 "世衰道微、邪说暴行有作" 的时代 "作《春秋》" （《孟子·滕文公》下），就成了哲人—王。

的确有记载先王陈迹的旧史，但这不是孔子所作的六经。先王旧史早已不存，现存六经都是孔子所造。

　　春秋时，三皇五帝之典策尚多可考，其言多神怪不经，与经相歧，实事实也。孔子翻经，增减制度，变易事实，掩其不善而著其善。（《知

圣篇》11）

但孔子不是自己说"述而不作"吗？孔子自己的话还不可信？

这是史家以为最有力的反驳。然而，夫子道："可与言，而不与之言，失人。不可与言而与之言，失言。知者不失人，亦不失言。"（《论语·卫灵公》）夫子并非什么话都对弟子直说，而是看人说话，甚至隐瞒自己的所为。后汉以来古文家们还经为史，都是不懂夫子也有难言之隐：

> "天生"之语，既不可以告涂人，故须托于先王，以取征信。而精微之言一绝，则授受无宗旨，异端蜂起，无所折衷。如东汉以来，以六经归之周史，其说孤行千余年。今之人才学术，其去孔子之意，奚啻霄壤？（《知圣篇》4）

孔子所谓"不作"，是对不适于听的人说的，因此，"不作"的隐义是"作"。为什么孔子要隐瞒自己作六经？"春秋所贬损大人，皆当世君臣有权威势力，其事实皆形于传，是以隐其书而不宣，所以免时难也。"（《汉书·艺文志》）见之行事，而又褒讳贬损，将招致政治迫害。孔子是哲人，"既明且哲，以保其身"，因此，"孔子为素王，知命制作，翻定六经，皆微言也"（《知圣篇》22）。

讲廖子哲学的当代经史学家，无不强调其经学六变。然而，六变是什么意思？廖子生性好变？非也！孔经中有微言，"知圣"必须"苦心经营"，非一朝有得便为定论。廖子一生不懈地"知圣"，所谓六变——实际只有二变（彰"素王"说）和四变（分天人之学）最为关键——恰是"知圣"功夫的精进：孔子哲学有两重微言，关于现世政治统治的一王大法（人学）和与天为一的真人教义（天学）。二变以后的"变"，并没有把"素王说""六经为孔子所作"等基本立场变掉。甚至一变以制度平分今古，也为二变的"素王说"奠定了基础。廖子不仅在学问上回到前汉，而且在心路上回到微言，六变不过是这一"知圣"途中的六进。

为什么廖子在确立"素王说"以后要分天学、人学？圣人（哲人）不仅行天子之事，而且性情上追求极高。廖子发现，孔子不仅隐瞒行天子之事，也隐瞒性与天道的教义。为什么呢？人民的生活需要的是知礼，而不是知天，要人人知天——人人成哲人（圣人），不仅不可能，也是危险的。对于人民来说，知生的意义重于知死的意义。孔子"天学"在《中庸》，前汉之儒还懂得隐微其中的性理之学，宋儒自标高超，离传解经，正是俗儒僭为哲人：

俗儒每以自为圣贤，须知户户道学，家家禅寂，天下正自弥乱耳。……沙门无人敢学佛，秀才皆自命为真孔。盖由直以村学究为孔。《庄子》曰："大而无当。"似此恒河沙数之孔子，所以酿灭国灭种之劫运也。（《孔经哲学发微》凡例9—10）

的确，廖子"说孔子改制的精髓，重在制度，而不言人民有自立自主之权"（李耀先：《〈廖平选集〉序》），而康子竟然敢说孔子"托尧舜以行民主之太平"。历来对廖子的种种指责，有一种说法没有错：廖子思想很封建。可是，哲学本质上就是"封建的"。为了哲学，廖子重启经学开端，何以说经学终结了？列文森所讥的"空言"，不仅是孔子，也是苏格拉底·柏拉图等圣人托之空言的智识传统。廖子"明两千年不传之学，义据通深，度越一世，香象渡河，众流截断"（蒙文通语），其历史意义又岂仅在以礼制"判析今古门户"？毋宁说，在民主时代来临之时，廖子深切感到，更有必要保守"空言"之学。

> 哲学按其本质，只能是而且必须是一种从思的角度来敞开确立尺度和品位的知的渠道和视野，一个民族就是在这种知并从这种知中体会出自己在历史的精神世界中的此在，并完成其此在。（海德格尔：《形而上学导论》，熊伟、王庆节译文）

诸多经史家所讥"越变越谬"的廖子天人之学表明了经学的终结？难道天人之学不可能是重新确立经学尺度和品位的思的开启——孔子不过是这尺度和品位的象征。

仅仅纠缠于廖子尊孔论的表面含义，追究其孔子形象究竟是否历史上的真孔子，也许就根本搞错了廖子的意图。廖子的孔子既非历史的孔子，亦非信仰的孔子，而是哲人（圣人—素王）的象征或者"傀儡"。

　　《尚书》托古垂法，以尧舜为傀儡。宰我曰："夫子远贤尧舜。"正谓《书》之尧舜，政治文明，非若蛇龙同居之景象也。后儒不信及门亲炙之评，而从枝叶之絮论，乖离道本，徒逞机辩，违心自是，甚无谓也！……纬说："圣人不空生，生必有制，由心作则，抽起鸿谟。"经异于史，尚何疑义之有！（《五变记笺述》卷上）

　　"圣人不空生"，因此经学的要务首在"知"圣人（哲人）之心，圣人之心在六经。廖子自比一生学术为翻译六经，六译即比六变。翻译有两种，横译和竖译（paraphrase）。不同语言之间的翻译是横译：

　　笺注之兴，起于汉代，周秦以上通用翻译，凡在古语都译今言，改写原文，不别记识，意同于笺注，事等之译通，上而典章，下而医卜，莫不同然。……史公本用今学，而所录《尚书》，文多易字，或以为以注改经，不知此古者翻译之踪迹，改写之模准也。（《经话》甲编卷一29）

翻译微言是竖译，廖子合称两种翻译为春秋义例："《春秋》有翻译之例，所以别中外，更所以存王法。"（《何氏公羊春秋续十论》翻译论）廖子一再说"孔子翻定六经"，而他自比其经学为翻译，当然就是效法圣人了。

既然经学已经脱离史学，解经不就可能成了"六经注我"的妄说？

那倒不一定。"经异于史"指的是拒绝以史裁经的史学原则，而非拒绝史学的训诂明物功夫。史学自古就有两种做法："晋之乘，楚之梼杌"或者孔子"作"《春秋》。孔子的"作"史就是"造"经，司马谈"意在斯乎，意在斯乎！小子何敢让焉？"得其旨。司马迁《史记》岂是古文家意义上的史学，分明与修昔底德的史学一样，乃地道的经学。"知圣"必须知史，经学是一种解经学，不仅要了解经中话是对谁说的、为什么说，还得知道说者的政治境况。宋儒解经之所以为妄说，就因为依己意（有如加达默尔所谓"正当偏见"）侈谈性理。

> "诚""正"，薄弃诡谲，既与圣评相反，又不识"九合""一匡"褒贬霸功之意。伸引孟说而违悖孔心，逐末忘本，是殆未谙孔孟时局也。……宋儒昧于时势，不解圣贤救世之苦心，徒以内圣外王概尼山、邹峄之学术。不揣时以立言，安能通经以致用？（《五变记笺述》卷上）

"六经注我"抑或"我注六经"其实没有什么分

别，关键在于这"我"是什么头脑：是否有审慎的"知圣"之心。廖子对儒家哲学有民族担当，却极赏西人心智，以至于要习经学者向西人牙医学习：

> 西人补牙，穷极巧妙。夫取金石与骨肉相联，既为地无多，又须有言、食，苟非亲见，亦必斥为荒唐。乃积思细审，卒使联合有如生成。夫血气之事犹且如此，何况经学？苟用心能如西人，则何为不成？（《经话》甲编卷一21）

真正的哲人不是应该自立门户，创建自己的思想体系吗？老说别人的东西，算什么大哲人？去年我在北京某大学给研究生班讲施特劳斯，有位政治学教授问：按你的讲法，施特劳斯不过西方的解经家，没有《正义论》《谁之正义？何种合理性？》一类响当当的大著，算大哲人吗？对这样的问题，我只能佯笑。海德格尔算是二十世纪最了不起的形而上学家，除了施特劳斯，有谁像他那样悉心解经？海德格尔的解经，不断遭到西方的史学家攻击，说他不依考据——然而，海德格尔并非史学家，何以非用考据来裁断其解经？

> 考据空理，久锢聪明，齐东野语，尤为狂肆，若徒庄言，必遭按剑。故托之恢诡，自比荒唐，离而复合，其亦牛鼎之义乎？（《孔经哲学发微》凡例13）

"两千年不传之学"，舍廖平何以得明？廖子世前亲自编订的"六译馆丛书"，竟然被当时的中华书局以"卷帙太重谢之"。当今士林高人编辑清末至民国大师的大型丛书名目繁多，没有一种为廖平单立门户。幸而我蜀中之士还记得他，得《廖平选集》两卷（巴蜀书社，1998），尽管欠缺种种，聊胜于无。

《孔经哲学发微》绪言结尾说:" 予圣自封，惜未能译为西文，求证大哲。"廖子把自己看作哲人，希望与泰西哲人交流，这就不那么地道了。哲人从来就少得很，搞哲学的人多（泰西同样如此），找不到人交流，太自然不过。尼采真大哲也，他说，能懂其书的人，要么已经死光，要么还没生出来，"我怎么可以把自己混同于那些在今天已经找到知音的人？"（《敌基督》序言）

廖子急于找到同时代的知音，恐怕是他唯一不那么圣人之处。

2000年5月 深圳

目　录

今古学考原目

卷上

卷下

经话一百□十□则。

案：《艺文志》博士经传及古经本，溯古学之所以名也。《异义》今、古名目，明东汉已今、古并称也。《异义》条说之不同，先师著书之各异，使知今、古学旧不相杂也。凡此皆从前之旧说也。至于《统宗表》，详其源也。《宗旨不同表》，说其意也。《损益》《因仍》二表，明今之所以变古也。《流派篇目表》，理其委也。《戴记篇目》《今古书目表》二表，严其界使不相混也。《改从》《有亡》，辨其出入名实同异，究其交互。凡此皆鄙人之新说，求深于古者也。更录三家经传，明齐学之中处；《今古废绝》，详郑君之变法；《今古盛衰》，所以示今学之微；《经传存佚》，所以伤旧学之坠。

至于此而今、古之说备矣。所有详论,并见下篇。丙戌六月朔日,编成识此。井研廖平。

今古学考卷上

《汉书·艺文志》今古学经传师法表

《易》，施、孟、梁丘、京、高。案：此五家，今学也。班于今学皆不加"今"字。《易》，费。案：此一家，古学也。班不言古经。

班曰："汉兴，田何传之。讫于宣、元，有施、孟、梁丘、京氏，列于学官。而民间有费、高二家之说。刘向以中古文《易经》校施、孟、梁丘经，师古曰：'中者，天子之书也。言中，以别于外。'或脱去'无咎''悔亡'。唯费氏经与古文同。"

《尚书经》二十九卷。班注："大小夏侯二家。欧阳经三十二卷。"师古曰："此二十九卷，伏生传授者。"案：此今学。《尚书古文经》四十六卷。班注："为五十七篇。"案：此古学，班言古经。

班曰："秦燔书禁学，济南伏生独壁藏之。汉兴亡失，求得二十九篇，以教齐鲁之间。讫孝宣世，有欧阳、大小夏侯氏立于学官。《古文尚书》者，出孔子壁中。武帝末，鲁共王坏孔子宅，欲以广其宫，而得《古文尚书》及《礼记》《论语》《孝经》凡数十篇，皆古字也。孔安国者，孔子后也，悉得其书，以考二十九篇，得多十六篇。安国献之，遭巫蛊事，未列于学官。刘向以中古文校欧阳、大小夏侯三家经文，《酒诰》脱简一，《召诰》脱简二。率简二十五字者，脱亦二十五字；简二十二字者，脱亦二十二字。文字异者七百有余，脱字数十。"

《诗经》二十八卷，鲁、齐、韩三家。案：此三家，今学。

《毛诗》二十九卷。案：此古学，班不言古经。

> 班曰："汉兴，鲁申公为《诗》训故，而齐辕固生、燕韩生皆为之传。三家皆列于学官。又有毛公之学，自谓子夏所传，而河间献王好之，未得立。"

《礼经》七十篇。后氏、戴氏。《记》百三十一篇。七十子后学者所记也。《明堂阴阳》三十三篇。古明堂之遗事。《王史氏》二十一篇。七十子后学者。刘向《别录》云："六国时人也。"《曲台后苍》九篇。案：此今学。

《古经》五十六卷。《周官经》六篇。王莽时刘歆置博士。师古曰："即今之《周官礼》也。亡其《冬官》，以《考工记》充之。"案：此古学，班言古经。

班曰："汉兴，鲁高堂生传《士礼》十七篇。讫孝宣世，后苍最明。戴德、戴圣、庆普皆其弟子，三家立于学官。《礼古经》出于鲁淹中。"

《春秋经》十一卷。公羊、榖梁二家。《公羊传》十一卷。《榖梁传》十一卷。公羊子，齐人。榖梁子、鲁人。案：此今经。

《古经》十二篇。《左氏传》三十卷。左丘明，鲁太史。案：此古学，班言古经。

班曰："《公羊》《榖梁》立于学官。"

《论语》，《鲁》二十篇，《齐》二十二篇。多

《问王》《知道》。案：此今经。

《古》二十一篇。出孔子壁中，两《子张》。案：此古学，班言古经。

班曰："汉兴，有鲁、齐之说。传《齐论》者，昌邑中尉王吉、少府宋畸、御史大夫贡禹、尚书令五鹿充宗、胶东庸生，唯王阳名家。传《鲁论语》者，常山都尉龚奋、长信少府夏侯胜、丞相韦贤、鲁扶卿、前将军萧望之、安昌侯张禹，皆名家。张氏最后，而行于世。"

《孝经》一篇。十八章。长孙氏、江氏、后氏、翼氏四家。案：此今学。

《古孔氏》一篇。二十二章。刘向云："古文字也。《庶人章》分为二也，《曾子敢问章》为三，又多一章，凡二十二章。"案：此古学。

班曰："汉兴，长孙氏、博士江翁、少府后苍、谏大夫翼奉、安昌侯张禹传之，各自名家，经文皆同。唯孔氏壁中古文为异。'父母生之，续莫大焉'，'故亲生之膝下'，诸家说不安处，古文字读皆异。"

案：此汉人今、古分派之始也。经在先秦前已有二派，一主孔子，一主周公，如三《传》是也。齐鲁，今学；燕赵，古学。汉初儒生达者皆齐鲁，以古学为异派，抑之，故致微绝。当时今学已立学官，而民间古学间有传者。如《毛诗》《费易》。后孔壁古经出，好古之士复据此与今学相难，今学亦无以夺之。虽不立学官，隐有相敌之势。至于刘歆校书得古文，古学愈显。世以孔壁所出经皆古字，别异于今学，号曰"古经"，与博士本并行。至后汉，而今、古之名立矣。

《五经异义》今古学名目表

今《易》京、孟说　　　　古《周礼》说

今《尚书》夏侯、欧阳说　古《尚书》说

今鲁、齐、韩《诗说》　　古《毛诗》说

今《春秋》公羊、穀梁说　古《左氏》说

今《礼戴》说　　　　　　古《孝经》说

今《孝经》说

今《论语》说

许氏《说文序》，其称《易孟氏》《书孔氏》《诗毛氏》《礼周官》《春秋左氏》《论语》《孝经》，皆古文也。案：《汉书·艺文志》"孟"当作"费"。

案：西汉今学立在学官，古学传之民间，当时学者称古学为"古文"。盖博士说通行，惟古为异，故加号别异，目为古也。至于东汉，古学甚盛，遂乃加博士说以"今"字。故班氏以前犹无"今"号，至许氏《异义》，乃今、古并称。古号得于西京，今号加于东汉，合而观之，端委可寻矣。

《五经异义》今与今同古与古同表

许君《五经异义》胪列今、古师说，以相折中。今与今同，古与古同，二者不相出入，足见师法之严。今就陈本标厥名目，以见本原，条其异同，使知旧本二派，自郑君以后乃乱之也。

今《易》京氏说一

《易》孟、京说一

《易》孟、京，《春秋》公羊说一

《易》孟氏、《韩诗》说一

案：以上今《易》孟、京说，全与古学异，与今学《春秋》《诗》同。

今《尚书》欧阳说二

今《尚书》欧阳、夏侯说四

　　夏侯、欧阳说一

　　案：以上今《尚书》欧阳、夏侯说，全与古学说不同。

今《韩诗》说一

今《诗》韩、鲁说一

　　《诗》齐、鲁、韩，《春秋》公羊说一

　　《韩诗》说二

　　《诗》齐说、丞相匡衡说一

　　治《鲁诗》丞相韦玄成说一

案：以上今《诗》鲁、齐、韩三家说，全与古学异，与今学《春秋公羊》同。

今《春秋》公羊说七

《春秋》公羊说四

《春秋》公羊、穀梁说二

《公羊》说二十三

《穀梁》说二

《春秋》公羊董仲舒说一

《公羊》以为，《穀梁》亦以为一

大鸿胪眭生说一

议郎尹更始、待诏刘更生等议一

案：以上今《春秋》穀梁、公羊说，与古学全异。

今《礼》戴说三

今大戴《礼说》二

今《礼》戴、《尚书》欧阳说一

　　《礼》戴及匡衡说一

　　大戴说一

　　戴说一

　　《戴礼》及《韩诗》说一

　　《礼》戴说一

　　戴《礼》《公羊》说一

　　案：以上今《礼》戴说，全与古学异，与今《尚书》《诗》同。

今《孝经》说二

　　《孝经》说一

　　　今《论语》说一

　　案：以上今《孝经》《论语》说，与古学全
异。

　　古《尚书》说九

　　古《毛诗》说三

　　　《毛诗》说六

　　古《左氏》说二

　　古《春秋左氏》说五

　　古《春秋左氏传》说二

　　　《春秋左氏》说三

　　　《左氏传》四

　　　《左氏说》二十四

　　　奉德侯陈钦说一

　　古《周礼》说十二

　　古《周礼》《孝经》说一

《周礼》说二

侍中骑都尉贾逵说一

案：以上古《尚书》《毛诗》《左氏春秋》《周礼》说，全与今《礼》异，而自相同。审此，足见古《礼》自为古《礼》一派，与今异也。其有误说三条，一为《穀梁》《公羊》与《左氏》同，一为贡禹与《古文尚书》同，驳见下卷。

郑君以前今古诸书各自为家不相杂乱表

《尚书》欧阳、夏侯说	《尚书》贾、马注
三家《诗》故、传	《毛诗故训传》
《韩诗》薛、侯说	《周礼》二郑、杜、贾、马注
《春秋》严、颜、尹、刘说	《礼记》马、卢注
《公羊》何氏《解诂》	《左传》刘、郑、贾、马、
《孝经》后、张、长孙说	服、颖、许注
《论语》张、包说	《论语》马氏《训说》
	《国语》贾注
	《说文解字》
案：以上各家皆今学。所著书除何氏《解诂》以外，见于玉函山房辑本所引用，全本于《王制》，不杂用古学说，不如范氏注《穀梁》，据《周礼》古学说以攻《传》。可知东汉以前，今学与古学自为一派，与古别行，不求强同。以古乱今者，皆郑君以后之派，旧原不如此也。	案：以上皆古学。所著书除《说文解字》外，皆见于马辑本所引用，全本于古学各书不用博士说，不如郑君注《周礼》《毛诗》杂用今礼。可知秦汉以来，古学独行，自为一派，不相混杂。考之古书，证以往事，莫不皆然。非予一人之私言，乃秦汉先师之旧法也。

今古学统宗表

《王制》为今学之主	《周礼》为古学之主
《穀梁》全同《王制》	《孝经》为古学
《仪礼记》为今学	《仪礼》经为古学
《戴礼》有今学篇	《戴记》有古学篇
《公羊》时参古学	《左传》时有缘经异说
《鲁诗》	《逸礼》古学
《鲁论语》以上鲁。	
《杨氏易》	《费氏易》
《施氏易》	
《孟氏易》	
《梁丘氏易》	
《京氏易》	
《高氏易》	
《欧阳氏尚书》	《古文尚书》
《大夏侯氏尚书》	
《小夏侯氏尚书》	
《齐诗》	《毛诗》
《齐论语》以上齐。	古《论语》
《韩氏易》	
《韩氏书》	
《韩氏诗》以上韩。	

今《孝经》

案：《公羊》以前皆经本今学先师依经立说者也。以下十七家则皆据《王制》说推衍比附于诸经者也。今经为孔子晚年之书，故弟子笃信谨守，欲以遍说群经。此今学统宗之沿变，事详《王制义证》。

案：《逸礼》以上皆经本古学先师依经立说者也。以下四家，则皆据古《礼》说推衍比附以说群经者也。古经出于壁中，较今经多，博士抑之，不得立。好古之士嫉博士如仇，故解四经亦用古说，以与今为难。故不惟古经用古说，即无今、古之分者亦用古说，此后来之变也。至于古经，汉初亦有传习，其说与今异者，则又好古之士与今学树敌，在先秦已如此也。

今古学宗旨不同表

今祖孔子	古祖周公
今《王制》为主	古《周礼》为主
今主因革参用四代礼。	古主从周专用《周礼》。
今用质家	古用文家
今多本伊尹	古原本周公
今孔子晚年之说	古孔子壮年主之
今经皆孔子所作	古经多学古者润色史册
今始于鲁人，齐附之	古成于燕赵人
今皆受业弟子	古不皆受业
今为经学派	古为史学派
今意同《庄》《墨》	古意同史佚
今学意主救文弊	古学意主守时制
今学近于王	古学帅乎伯
今异姓兴王之事	古一姓中兴之事
今西汉皆立博士	古西汉多行之民间
今经传立学，皆在古前	古经传立学，皆在今后
今由乡土分异派	古因经分异派
今礼少，所无皆同古礼	古礼多，所多皆同今学
今所改皆周制流弊	古所传多礼家节目
今汉初皆有经，本非口受	古汉初皆有师，后有废绝

今以《春秋》马正宗余皆推衍《春秋》之法以说之者。	古惟《周礼》为正宗即《左传》亦推衍以说之者，余经无论矣。
今多主纬候	古多主史册
今学出于春秋时	古学成于战国时
先秦子书多今学	先秦史册皆古学
今秦以前无杂派	古秦以前已有异说
今无缘经立说之传	古有缘经立说之传
今无仪注，皆用周旧仪	古有专说，不通别经
今经惟《王制》无古学余经皆有，推衍古派。	古经惟《周礼》无今说余经皆有，推衍今派。
《孝经》本无今说	《春秋》本无古学
今经唯存《公》《穀》，范氏以古疑今	古经皆存，郑君以今杂古学
注今经，李、何以前不杂古	注古经，马、许以前不杂今
《戴礼》古多于今，汉儒误以为今学	子学皆今学，汉儒误以为古
古《仪礼》经，汉初误以为今	今《王制》，先师误以为周
以上说皆见下卷。	以上说见下卷。

今学损益古学礼制表此专表今、古不同者

古封公方五百里，侯方四百里，伯方三百里，子方二百里，男方一百里。地五等	今封公、侯方百里，伯方七十里，子、男方五十里。地三等
古一甸出一车	今十井出一车
古六卿大夫士员无定数	今公卿大夫士皆三辅一
古畿内不封国	今畿内封国
古有世卿，无选举	今无世卿，有选举
古《周礼》十二年一巡守	今《王制》五年一巡守
古天子下聘，不亲迎	今天子不下聘，有亲迎
古禘大于郊，无祫祭	今禘为时祭，有祫祭
古天子无大庙，有明堂	今天子有大庙，无明堂
古刑余为阉人	今刑余不为阉人
古社稷皆人鬼	今社稷皆天神
古田税以远近分上下	今皆什一，分远近
古山泽皆入官家	今山泽无禁
古厚葬	今薄葬
古七庙祭有日、月、时之分	今七庙皆时祭

案：今异于古，皆孔子损因周制之事。拟撰《今古礼制不同表》，姑发其凡，以示义例。

今学因仍古学礼制表此专表今、古相同者。

古《曲礼》有二伯、州牧、庶邦小侯	今《王制》有二伯、方伯、卒正
古《周礼》州牧立监	今《王制》方伯有监
古《周礼》天子六军，大国三军，次国二军，小国一军	今《王制》同
古《周礼》有冢宰、司徒、司马、司寇、司空官	今《王制》同有惟冢宰司徒兼职，司寇属于司马，不同。
古《内则》养老仪节	今《王制》同
古《仪礼》经五礼仪节	今《仪礼记》同
古《周礼》明堂参用四代礼乐彝器	今《三朝记》四代同
古《左传》文襄制：诸侯比年小聘，三年大聘，五年一朝	今《王制》同
古《周礼》亲耕田猎	今《王制》同
古《祭义》祭庙仪节	今《祭统》同

案：今、古相同，此孔子因仍周制不改者也。

拟撰《今古礼制通用表》，姑发其凡，以示义例。

今古学流派表

今鲁派 今齐派 今韩派 今纬派 今《易》《尚书》《诗》《孝经》《论语》派	古《周礼》派 古《国语》派 古《左传》派 古《孝经》派 古《易》《尚书》《诗》《论语》派
案：今学旧本一派，传习者因地而异，故流为齐、韩派。大约齐学多主纬说。至于《易》《尚书》《诗》《孝经》《论语》，本不为今派，学者推今礼以遍说群经，乃有此流变，则亦如古学之缘经立说也。今派全由乡土致歧异。	案：古学旧有四派，皆缘经立说。《周礼》《国语》自为派。《左传》《孝经》因经而异，故不能同。至于《易》《尚书》《诗》《论语》，本不为古派。学者推古礼以遍说群经，乃有此流变，则纯为缘经立说者矣。古学无因乡土而异之事，各门皆专派。

《两戴记》今古分篇目表

今	古	今、古杂	今、古同
《王制》	《玉藻》	《文王世子》小学。	《武王践阼》
《千乘》	《深衣》	《中庸》	《文王官人》
《四代》	《盛德》	《本命》以上儒家。	《五帝德》
《虞戴德》	《朝事》以上《周礼》。	《乐记》乐。	《帝系姓》以上史学。
《冠义》	《祭法》	《月令》阴阳家。	《大学》
《昏义》	《曲礼》		《学记》
《乡饮酒义》	《檀弓》		《劝学》
《射义》	《杂记》以上《左传》。		《卫将军文子》以上学问。
《燕义》	《祭义》		《经解》
《聘礼》	《曾子立事》		《缁衣》
《祭统》	《本孝》《立孝》《大孝》		《坊记》
《主言》	《事父母》		《表记》以上经学。
《哀公问于孔子》	《制言》三		《儒行》
《礼三本》	《疾病》		《子张问入官》
《丧服四制》	《天圜》以上《孝经》。		《哀公问五义》
			《仲尼燕居》

今	古	今、古杂	今、古同
	《内则》 《少仪》 《保传》以上 　小学一 《礼运》 《礼器》 《郊特牲》 　以上《诗》 　《礼》 《明堂》 《明堂位》 《诸侯迁庙》 《诸侯务庙》 《投壶》二篇。 《公冠》以上 　《逸礼》 《奔丧》 《曾子问》 《丧大记》 《问丧》以上 　丧礼		《孔子闲居》 《礼察》 《小辨》 《用兵》 《少闲》 《易本命》 《诰志》 《哀公问》以 　上儒家 《夏小正》阴 　阳家

今	古	今、古杂	今、古同
	《丧服小记》 《大传》 《服问》 《闲传》 《三年问》以 上丧服。		

今古学专门书目表

今学书目表治今学者只许据此表书，不得杂古学。	古学书目表治古学者只许据此表书，不得杂今学。
《王制》	《周礼》
《穀梁春秋》	《左氏春秋》
《公羊春秋》	
《仪礼记》	《仪礼经》
《戴记》今学各篇	《戴记》古学各篇
《孟子》	《逸周书》
《荀子》	《国语》
《墨子》	《说文》以上今存本。
《司马法》	
《韩非子》	
《吴子》	
《易纬》	
《尚书大传》	
《春秋繁露》	
《韩诗外传》	

今学书目表治今学者只许据此表书，不得杂古学。	古学书目表治古学者只许据此表书，不得杂今学。
《公羊何氏解诂》以上今存本。	
《易》	《易》
《子夏易传》汉韩婴。	《古五子易传》
《薛氏记》薛虞。	《费氏易》汉费直。
《蔡氏易说》蔡景居。	《费氏易林》汉费直。
《丁氏易传》汉丁宽。	《周易分野》汉费直。
《韩氏易传》汉韩婴。	《马氏注》后汉马融。
《淮南九师道训》汉刘安。	
《施氏章句》汉施雠。	
《孟氏章句》汉孟喜。	
《梁丘氏章句》汉梁丘贺。	
《京氏章句》汉京房。	
《书》	《书》
《今文尚书》	《古文尚书》
《欧阳章句》汉欧阳和伯。	《古文训》汉贾逵。
《大夏侯章句》汉夏侯胜。	《马氏传》汉马融。
《小夏侯章句》汉夏侯建。	
《尚书纬六种》马辑本，郑注。	

今学书目表治今学者只许据此表书，不得杂古学。	古学书目表治古学者只许据此表书，不得杂今学。
《诗》 《鲁诗故》汉申培。 《齐诗传》汉后苍。 《齐诗翼奉学》汉翼奉。 《韩诗故》汉韩婴。 《韩诗内传》汉韩婴。 《韩诗说》汉韩婴。 《韩诗薛君章句》汉薛汉。 《韩诗翼要》汉侯苞。 《诗纬三种》马辑本，宋注。	《诗》 《毛诗马氏传》后汉马融。
《仪礼》 《大戴丧服变除》汉戴德。 《石渠礼论》同上。 《冠礼约制》汉何休。	《周官礼》 《郑大夫解诂》汉郑兴。 《郑司农解诂》汉郑众。 《杜氏注》汉杜子春。 《贾氏解诂》汉贾逵。 《周官传》汉马融。 《仪礼》 《婚礼谒文》汉郑众。 《丧服经传》后汉马融。
《礼记》 《礼传》后汉荀爽。 《月令章句》后汉蔡邕。 《月令问答》同上。 《礼纬三种》马辑本，宋注。	《礼记》 《礼记马氏注》后汉马融。 《礼记卢氏注》后汉卢植。 附：《乐经》汉刘歆。 《乐记》同上。

今学书目表治今学者只许据此表书，不得杂古学。	古学书目表治古学者只许据此表书，不得杂今学。
附：《乐纬三种》宋注，马辑本。 **《春秋》** 《春秋大传》 《春秋决事》汉董仲舒。 《公羊严氏春秋》汉严彭祖。 《公羊颜氏记》汉颜安乐。 《穀梁传尹氏章句》汉尹更始。 《穀梁传记》汉刘向。 《解疑论》后汉戴宏。 《公羊文谥例》后汉何休。 《春秋纬十五种》马辑本，宋注。	《乐元语》同上。 《钟纬书》同上。 **《春秋》** 《左传刘氏注》汉刘歆。 《春秋牒例章句》后汉郑众。 《左氏传解诂》后汉贾逵。 《左氏长经》后汉贾逵。 《三传异同说》后汉马融。 《左传解谊》后汉服虔。 《春秋成长义》 《左氏膏肓释痾》并服虔，附《解谊》后。 《春秋释例》后汉颖容。 《春秋奇说》后汉彭汪。 《左传许氏注》后汉许淑。

今学书目表治今学者只许据此表书，不得杂古学。	古学书目表治古学者只许据此表书，不得杂今学。
《孝经》 《孝经传》魏文侯 《后氏说》汉后苍 《安昌侯说》汉张禹 《长孙氏说》汉长孙氏 《孝经纬九种》宋注，马辑本。 《论语》 《齐论语》 《安昌侯论语》汉张禹 《包氏章句》后汉包咸 《周氏章句》后汉周氏 《论语纬一种》宋注，马辑本。 　　以上原书皆亡，今据马、陈辑本补录。今学诸书皆为《王制》派，可以《王制》统诸书也。	 《论语》 古《论语》 《孔氏训解》汉孔安国 《马氏训说》后汉马融 以上原书皆亡，今据马辑本补录。郑康成注、笺杂有今学，不录。古学诸书皆为《周礼》派，可以《周礼》统诸书也。

今古兼用杂同经史子集书目表

今多于古	古多于今	今、古杂	今、古同
《五经通义》	《郑注周礼》	《郑注礼记》	《尔雅》
《石渠论》	《郑笺毛诗》	《郑驳异义》	《急就章》
《白虎通》	《郑注周易》	《郑攻膏肓》	《方言》
《孔子集语》	《郑注尚书》	《起废疾》	《博雅》
《训纂》	《郑注论语》	《发墨守》	《埤仓》
《古文官书》	《郑注孝经》	《郑志》	《古今字诂》
《史记》	《五经异义》	《杜左传注》	《战国策》
《汉书》	《三仓》	《六艺论》	《世本》
《列女传》	《仓颉》	《鲁禘裕义》	《山海经》
《新序》	《凡将》	《家语》	《竹书纪年》
《说苑》	《后汉书》	《孔丛》	《穆天子传》
《公孙龙子》	《三国志》	《圣证论》	《越绝书》
《庄子》	《商子》	《伪孔传》	《吴越春秋》
《尹文子》	《邓析》	《释名》以上	《晏子春秋》
《老子》	《鬼谷子》	经部。	《虞氏春秋》
《关尹子》	《新语》	《尸子》	《古史考》以
		《鹖冠子》	上史部。

今多于古	古多于今	今、古杂	今、古同
《列子》	《新书》	《燕丹子》	《孙子》
《文子》	《论衡》	《吕氏春秋》	《六韬》
《太玄》	《潜夫论》	《淮南子》	《管子》
《法言》	《申鉴》		《慎子》
《盐铁论》	《风俗通义》	《楚辞》集部。	《素问》
《新论》			《周髀》
《独断》以上子部。			

《公羊》改今从古《左传》改古从今表

《公羊》改今用古表	《左传》改古从今表
《王制》《穀梁》：禘为时祭。《公羊》以为殷祭。	《国语》：禘于阌丘，称禘郊。《左传》：禘于太庙，祀文王。
《王制》《穀梁》：妾母不得为夫人。《公羊》：妾母为夫人。	《祭法》有祧庙，无世室。《左传》有世室，无祧庙。
《王制》《穀梁》：葬不为雨止。《公羊》：雨不克葬，谓天子诸侯。	《祭法》无太庙，祖宗在明堂。《左传》有太庙，无明堂。
《穀梁》：夫人不归宁。《公羊》：夫人得归宁。同《左传》。	《周礼》：大夫有刑。《左传》：刑不上大夫。
《王制》《穀梁》：二伯。《公羊》以为五伯。从《左传》。	《周礼》：刖者为阍。《左传》：刑人不在君侧。
《穀梁》言用皆不得礼。《公羊》于用下有合礼、不合礼。	《国语》：日祭、月享、时祀。《左传》用时祭，无日、月祭。

案：《公羊》今学，有改今从古之条；《左传》古学，有从今改古之条。盖《公羊》居近燕、赵，有杂采；《左传》屈于经，又不能不宛转求通。二家其事相同，一因乎地，一求合于经之故也。姑发其例如此，不详录也。《王制》《周礼》《国语》《孝经》皆自成一说，不求合于人，故与二传不同。

今古各经礼制有无表

	今《榖梁》	今《公羊》	古《周礼》	古《左传》	古《国语》	古《孝经》
同会同	无	无	有	无	不见	无
祧庙	无	无	有	有	有	无
坛墠	无	无	有	有	有	无
太庙	有	有	无	有	无	不见
明堂	无	无	有	有	有	有
世室	有	有	无	有	无	不见
禘	有	有	无	有	有	有
祫	有	有	无	无	无	无
原庙	无	无	有	有	有	不见
宗	无	无	有	无	有	不见
遇	无	无	有	无	有	不见
祔主	无	无	有	有	有	不见
三公	有	有	有而不同			不见
六卿	无	无	有	有	有	不见
监	有	有	有	无	无	不见

案：以上礼制有无，旧说多牵混言之。今表其有无，无者即可不言此礼。拟通撰定一表，姑发其例如此。

今古各经礼制同名异实表

	今《榖梁》	今《公羊》	古《周礼》	古《左传》	古《国语》	古《孝经》
禘郊	夏祭 祀天	大礿太庙 祀天配人鬼	不见 不见	大礿太庙 祈谷、祀后稷	祀天帝 祀上帝	春祭 祀后稷以配天
社	祀地祇	同左	祀人鬼	同左	同左	祀地祇
雩	祈雨	同左	祈雨、祈谷	同左	同左	不见
五等爵名	非实爵	同左	实爵	非实爵	实爵	同左
五爵封地	三等	同左	五等	五等	五等	同左
三公	司徒、司马、司空	同左	太师、太傅、太保	同左	同左	同左
丧中不祭	群庙皆不祭 郊天不废	同左	惟新祔主不祭	同左	同左	不见
丧中祭		同左	群庙皆祭	同左	同左	不见
三军	方百里所出	同左	方五百里所出	同左	同左	不见
七庙	太祖、三昭、三穆	同左	不见	考庙、四亲庙、二祧	同左	不见
服	三服	同左	五服	同左	同左	不见
附庸	不及方五十里	同左	不见	同左	同左	不见

	今《榖梁》	今《公羊》	古《周礼》	古《左传》	古《国语》	古《孝经》
公卿	执事 在古学为大夫	同左 同左	不执事 在今学为公	执事 同左	不执事 同左	不见 不见

案：以上各经同名实异者，此当分别观之。后儒不知，混为一说，则名实淆矣。拟撰《群经同名异实表》，姑发其例如此。

今古各经礼制同实异名表

	今《穀梁》	今《公羊》	古《周礼》	古《左传》	古《国语》	古《孝经》
春祭	祠	礿	同左	郊	不见	禘
夏祭	禘	祠	禴	雩	不见	无
太庙	太庙	同左	郊	太庙	郊	郊
宗庙	世室	同左	明堂	世室	明堂	明堂
礼官	司徒	同左	宗伯	同左	同左	不见
功德祭	因祭	同左	五祀	同左	同左	不见
朝	四时同名	同左	四时异名	四时同名	四时异名	不见
	庶人在官	同左	府史胥徒			不见
方伯	方伯	同左	牧	州牧	牧	不见
井田	一井八家	同左	一井九家	同左	同左	不见

案：以上各经同实异名者，此当分别观之。后儒不知，混为一说，则名实淆矣。拟撰《群经同实异名表》，姑发其例如此。

今古学鲁齐古三家经传表

鲁	齐	古
《易》亡	《田何易》	《费易》
《书》亡	伏生《尚书》	《古文尚书》
《鲁诗》	《齐诗》附《韩诗》。	《毛诗》
《穀梁春秋》	《公羊春秋》	《左传春秋》
《高堂仪礼》	后仓、大小戴《记》	《周礼》
今《孝经》不分鲁、齐	同左	古《孝经》孔氏
《鲁论语》	《齐论语》	古《论语》

案：今、古之分，鲁笃守《王制》，于今学为纯。古学全用《周礼》，于古为纯。南北相驰，辛甘异味，齐学本由鲁出，间居两大之间，不能不小用古学，如《公羊》是也。汉博士唯齐学盛，以伏生、公孙弘皆齐学也。鲁学《易》《书》皆不传，盖亡在汉初，非旧亡也。今立此表以明三派，以鲁、古为准，齐消息于其中。亦如《春秋》日、月、时例，月在中无正例，三学之齐即《春秋》之月例也。

郑君以后今古学废绝表

武帝	宣帝	元帝	平帝	光武	章帝	魏	晋
杨氏	施氏 孟氏 梁丘氏	同左 同左 同左 京氏	同左 同左 同左 京氏	施氏 孟氏 梁丘氏 京氏	同左 同左 同左 同左	郑《易注》 亡 亡	郑《易注》 王《易注》 亡
欧阳氏	同左 大小夏侯	同左 同左	同左 同左 《古文》	欧阳氏 大小夏侯 不立	同左 同左 《古文》受学	《书注》郑	《书注》郑
鲁 齐 韩	同左 同左 同左	同左 同左 同左	同左 同左 同左 毛	鲁 齐 韩 不立	同左 同左 同左 毛受学	不立 不立 郑《毛诗笺》	亡 亡 同左

武帝	宣帝	元帝	平帝	光武	章帝	魏	晋
后氏	大小戴氏	同左	同左	大小戴氏不立	同左 同左	郑《礼记注》 郑《仪礼注》亡	同左 同左
			《逸礼》 《周礼》	不立 不立	同左 同左	郑《周礼注》	同左
公羊	同左 穀梁	同左 同左	同左 同左 左氏	颜氏 严氏 不立 左氏后废。	同左 同左 穀梁受学。 左氏受学。	何注 贾、服注	同左 范注 贾、服注 杜注

今学盛于西汉古学盛于东汉表

今学	古学
《杨氏易》武帝时立，光武时未立。《施氏易》孝宣时立，光武时复立。《孟氏易》孝宣时立，光武时复立。《梁丘氏易》孝宣时立，光武时复立。《京氏易》元帝时立，光武时复立。	《费氏易》西汉未立。东汉陈元、郑众传其学，马融作传，郑玄作注。
《欧阳尚书》武帝时立，光武时复立。《大小夏侯尚书》孝宣时立，光武时复立。	《孔氏古文尚书》平帝时立，光武时未立。肃宗时诏高才生受杜林传其学。贾逵作训，马融作传，郑玄作注。
《鲁诗》文帝时立，光武时复立。《齐诗》孝宣时立，光武时复立。《韩诗》孝文时立，光武时复立。	《毛诗》平帝时立，光武时复立。肃宗时诏高才生受卫宏，郑众好其学。卫宏作序，马融作传，郑玄作笺。
《大戴礼》孝宣时立，光武时复立。《小戴礼》孝宣时立，光武时复立。《庆氏礼》未立。	《周官礼》王莽时立。中兴，郑众传其学。马融作传，郑玄作注。

今学	古学
《公羊春秋》宣帝时立，光武时复立。《穀梁春秋》孝宣时立，光武时未立。	《左氏春秋》平帝时立，光武时立，后罢。肃宗时，诏高才生受郑兴，陈元传其学。贾逵作训，服虔作注。
附：《高氏易》未立今《孝经》今《论语》赵岐说有博士	附：古《孝经》未立古《论语》未立

案：今学盛于西汉，屏斥古学不得显。古学盛于东汉，今学浸微。二学积为仇敌，相与参商。马融指博士为俗儒，何休诋古文为俗学。可见郑君以前，二学自为水火，不苟同也。

今古学经传存亡表

《杨氏易》《汉志》不著录	
《施氏易》《隋志》：亡于西晋。	
《孟氏易》《隋志》：八卷，残缺。梁十卷。《旧唐志》有十卷。《宋志》无。	《费氏易》《隋志》无，《旧唐志》有，《宋志》无。
《梁丘氏易》《隋志》：亡于西晋。	
《京氏易》《隋志》有十卷。《宋志》无。	
《高氏易》《隋志》：亡于西晋。	
《欧阳尚书》《隋志》：亡于永嘉之乱。	《孔氏古文尚书》《隋志》《旧唐志》有马注，《宋志》无。
《大小夏侯尚书》《隋志》：亡于永嘉之乱。	

《鲁诗》《隋志》：亡于西晋。	《毛诗》今存
《齐诗》《隋志》：魏代已亡。	
《韩诗》《隋志》有二十二卷，无传之者。今存《外传》。	
《大戴礼》今存	《周官礼》今存
《小戴礼》《礼记》今存	
《庆氏礼》《仪礼》今存	
《公羊春秋》今存	《左氏春秋》今存
《穀梁春秋》今存	
今《孝经》张禹注，《隋志》已无。	古《孝经》今存
今《论语》张禹注，《隋志》已无。	古《论语》今存
案：今学书，今唯存《韩诗外传》《大小戴》《庆礼》《公羊》《穀梁春秋》五家，余十二家亡。	案：古学书，唯《易》《尚书》亡，余今皆存。盖今学盛于西汉，至于哀、平，古学乃兴，以后皆古学弟子，故今学浸微，魏晋之后，今经遂亡。郑注古学，兼采今学，今学之亡，郑氏之过也。

今古学考卷下

旧拟今、古学三十论目，欲条说之，仓卒未能撰述。谨就《经话》中取其论今、古学者，以为此卷。中多未定之说，俟有续解，再从补正。

今、古二派，各自为家，如水火、阴阳，相妨相济，原当听其别行，不必强为混合。许君《异义》本如《石渠》《白虎》，为汉制作。欲于今、古之中择其与汉制相同者，以便临事缘饰经义，故累引汉事为断。又言叔孙通制礼云云，皆为行事计耳；至书之并行，两不相背，则不欲混同之也。郑君驳《异议》时，犹知今、古不同，各自成家，至于撰述，乃忘斯旨。注古《周礼》用《王制》，笺《毛传》用《韩诗》，注《古文尚书》用夏侯、欧阳说。夫说经之道，与议礼不同。议礼可以斟酌古今，择善而从；说经则当墨守家法，虽有可疑，不能改易，更据别家为说。今注古学，乃欲兼有今学之长。采今易古，正如相者嫌一人耳目不好，乃割别人耳目补之，不惟无功，而且见过。使郑君作注时，犹存《驳异义》之见，则分别今、古，先师之法不致尽绝。乃前后异辙，使今、古之派遂至汉末而绝也，惜哉！

许君虽于今、古互有取舍，不过为汉制缘饰。至于各经家法，听其别行，不欲牵合之也。如明堂说，许案云："今礼、古礼各以其义说，无明文以知之。"又《公羊》《左氏》说朝聘不同，许案云："《公羊》说，虞夏制；《左氏》说，周礼。《传》曰'三代不同物'，明古今异说。"是许以今、古不同，不欲混通也。又诸侯夫人丧，《公羊》《左氏》异说。许案云："《公羊》说，同盟诸侯薨，君会葬；其夫人薨，又会葬。是不遑国政而常在路。《公羊》《左氏》说俱不别同姓、异姓。《公羊》言当会，以为同姓也；《左氏》云不当会，据异姓也。"是许以今、古各有所据，不欲强同也。至其余条，或云从《左氏》，或云从《周礼》，亦自定一尊，不欲含混。至郑氏著书，乃全与此意反矣。

《异义》久亡，今就陈氏辑本考之，所存将近百条。今与今同，古与古同。各为朋党，互相难诘，以其门户原异，故致相歧也。中惟三条古与今同者。《穀梁》说："葬不为雨止。"统尊卑而言；《左氏》说："庶人不为雨止。"《公羊》说："雨不克葬，谓天子诸侯也。卿大夫臣贱，不能以雨止。"此《公羊》参用古学之言也。《公羊》说："臣子先死，君父名之。"《左氏》说："既没，称字而不名。"许以为《穀梁》同《左氏》。按此皆后师附会之说，于经传无明文，同异无关于今、古礼制者也。又引《鲁诗》说：丞相匡衡以为"宗庙宜毁";《古文尚书》说:"宗庙不毁。"许据《公羊》御史大夫贡禹说,同《古文尚书》不毁。按毁与不毁,经无具证,凡此所同,皆无明据,至于大纲,无或参差也。

孔子初年问礼,有"从周"之言,是尊王命、畏大人之意也。至于晚年,哀道不行,不得假手自行其意,以挽弊补偏;于是以心所欲为者书之《王制》,寓之《春秋》,当时名流莫不同此议论,所谓因革继周之事也。后来传经弟子因为孔子手订之文,专学此派,同祖《王制》。其实孔子一人之言,前后不同。予谓从周为孔子少壮之学,因革为孔子晚年之意者,此也。

郑君注《礼记》,凡遇参差,皆以为殷、周异制。原今、古之分,实即此义。郑不以为今、古派者,盖两汉经师已不识《王制》为今学之祖,故许君以《公羊》"朝聘"为虞夏制,郑君以《王制》为殷礼。但知与《周礼》不合,而不知此为孔子手订之书,乃改周救文大法，非一代所专，即今学之本也。今于数千年后得其根源，继绝扶微，存真去伪，虽清划繁难，固有不能辞者矣。

《王制》《祭统》，今学；《祭法》，古学。二者庙制、祭时一切不同，且故意相反。两汉经师言庙制、祭仪，皆牵混说之。特以之注经，则自郑君始。议礼之事各有意见，多采辑诸说以调停其间，不能由一人之意，此议礼之说多不可据也。

今、古经本不同，人知者多。至于学官皆今学，民间皆古学，则知者鲜矣。知今学同为鲁齐派，十四博士同源共贯，不自相异；古学为燕赵派，群经共为一家，与今学为敌，而不自相异，则知者更鲜矣。知今学同祖《王制》，万变不能离宗；《戴礼》今、古杂有，非一家之说；今、古不当以立学不立学为断；古学主《周礼》，隐与今学为敌；今礼少，古礼多；今礼所异皆改古礼等说，则西汉大儒均不识此义矣，何论许、郑乎！

鲁、齐、古三学分途，以乡土而异。邹与鲁近，孟子云"去圣人居，若此其近"，盖以鲁学自负也。荀子赵人，而游学于齐，为齐学。《韩诗》燕人，传今学而兼用古义，大约游学于齐所传也。《儒林传》谓其说颇异，而其归同。盖同乡皆讲古学，一齐众楚，不能自坚，时有改异。此韩之所以变齐也。而齐之所以变鲁者，正亦如此。予谓学派由乡土风气而变者，盖谓此也。

群经之中，古多于今，然所以能定其为今学派者，全据《王制》为断。《三朝记》知其为今学者，以与《王制》合也。《礼记》冠、昏、乡饮、射义所以知为今学者，以与《王制》同也。同者从同，异者自应从异，故旧说渊源，皆不足据。盖两汉末流，此意遂失，混合古、今，虽大家不免。如刘子政有古礼制，马融说六宗偶同伏说是也。审淄渑，定宫徵，毫厘之差，千里之失，不亦难哉！

初疑今派多于古，继乃知古派多于今。古学《周礼》与《左传》不同，《左传》又与《国语》不同，至于《书》《诗》所言，更无论矣。盖《周礼》既与《国语》《周书》不同，《左传》又多缘经立义之说。且古学皆主史册，周历年久，掌故事实，多不免歧出，故各就所见立说，不能不多门。至于今学，则全祖孔子改制之意，只有一派，虽后来小有流变，然其大旨相同，不如古学之纷繁也。

《论语》："周监于二代，郁郁乎文哉！吾从周。"此孔子初年之言，古学所祖也。"行夏之时，乘殷之辂，服周之冕，乐则《韶舞》。"此孔子晚年之言，今学所祖也。又言夏殷因革，继周者，百世可知。按《王制》即所谓继周之王也，因于周礼，即今学所不改而古、今同者也，其损益可知。《王制》改周制，皆以救文胜之弊，因其偏胜，知其救弊也。年岁不同，议论遂异。春秋时诸君子皆欲改周文以相救，孔子《王制》即用此意，为今学之本旨。何君解今礼，以为《春秋》有改制之文，即此意也，特不知所改之文，全在《王制》耳。

今、古之分，郑君以前无人不守此界畔。伏《尚书》、三家《诗》无论矣。何君《公羊解诂》不用古说，其解与《周礼》不同者，皆以为《春秋》有改制之事，不强同《周礼》，此今学之派也。至于许君《说文》用古义，凡今文家皆以博士说目之，屏为异义。至于杜、郑、兴、众父子。贾、马，其注《周礼》《左传》《尚书》，皆不用博士说片语只字。《五经异义》焉有以今学长于古义一条目？今说既为俗儒，不可据以为用今学也。至于引用诸书，亦惟用古派，从不用《王制》。其分别异同，有如阴阳、水火之不能强同。郑司农注大司徒五等封地，全就本经立说，不牵涉《王制》。其注诸男方百里一条云："诸男食者四之一，适方五十里，独此与五经家说合耳。"其所谓之"五经家"者，即《王制》子男五十里之说也。《异义》谓之今文，《说文》目为博士，斥为异说，不求雷同。即此可见东汉分别今、古之严。自郑康成出，乃混合之。可含混者，则含混说之；文义分明者，则臆断今说以为殷礼。甚至《曲礼》古文异派，亦以为殷礼。郑君受贾、马之学而兼采今文，今欲删其混合以反杜、马之旧。须知此非予一人之私言，乃两京之旧法，试为考释，必知不谬矣。

今、古之混乱，始于郑君，而成于王子雍。大约汉人分别古、今甚严，魏晋之间厌其纷争，同思画一。郑君既主今、古混合，王子雍苟欲争胜，力返古法，足以摧击郑君矣，殊乃尤而效之，更且加厉。《家语》《孔丛》皆其伪撰，乃将群经今、古不同之礼，托于孔子说而牵合之。如《王制》庙制，今说也；《祭法》庙制，古说也；各为规模，万难强同者也。而《家语》《孔丛》之言庙制者，则糅杂二书为一说。郑君之说，犹各自为书；至于王氏，则并其堤防而全溃之。后人读其书，愈以迷乱，不能复理旧业，皆王氏之过也，故其混乱之罪，尤在郑君之上。欲求胜人，而不知择术，亦愚矣哉！

郑君以前，古学家著书，不惟不引据《王制》师说，并《公》《穀》二传、三家《诗》、今文《尚书》、今《易》，凡今学之言，避之如洪水猛兽。惟其书今、古杂有，或原无今、古派之分者，乃用之。如杜、郑、贾、马之引《孟子》《论语》《礼记》是也。引《春秋》，则惟《左氏传》。至于引二《传》"跛者迀跛者"条，则亦但引其文句而不言书名，皆足见其门户之峻厉也。

《礼运》《礼器》《郊特牲》孔子告子游，皆古学说，此孔子未作《春秋》以前"从周"之言。至于作《春秋》以后，则全主今学，如《大戴》告哀公之《三朝记》，全与《王制》《穀梁》合是也。孔子传今学派时，受业早归者未闻，故弟子有专用古学者。又或别为不受业之隐君子所为。然大约出于受业者多，因欲与受业之今学分别，故权以古学为不受业，非弟子遽无古学者也。

《纬》云："志在《春秋》，行在《孝经》。"《孝经》皆已成之迹，《春秋》则虚托空言。故予意以《孝经》为古学，《春秋》为今学，《论语》为今、古杂。以《孝》属行，行必从周；《春秋》属志，志有损益；《论语》少壮晚年之语皆有，故不一律，大约从今者多。至于《孝经》有今学，《春秋》有古学，《论语》有今、古两派，此皆后来附会流派，孔子当日不如此分别也。

《论语》因革、损益，唯在制度，至于伦常义理，百世可知。故今、古之分，全在制度，不在义理，以义理今、古同也。至于弟子之大义，经师之推衍，乃有取舍不同、是非异致之说。揆之于初，无此分别。《异义》所录师说，半皆东汉注解家言，索虚为实，化无为有，种种附会，都非原旨。然既欲各立门户，则好恶取舍，亦不能不小有改动。言各异端，亦不必强同，但读者须知此非今、古正义，不蔽锢于许说，可也。近言今、古派者皆本原于《异义》，今不尽据之。

今、古之分，或颇骇怪，不知质而言之，沿革耳，损益耳。明之制不能不异于元，元之制不能不异于唐宋。今学多用殷礼，即仲弓"居敬"之意；古学多用周礼，即《中庸》"从周"之意。今制与古不同，古制与今异派，在末流不能不有缘饰附会之说。试考本义，则如斯而已，故不必色骇而走也。

鲁为今学正宗，燕赵为古学正宗，其支流分派虽小有不同，然大旨一也。鲁乃孔子乡国，弟子多孔子晚年说，学者以为定论，汉人经学，以先师寿终之传为贵，亦如佛家衣钵真传之说也。故笃信遵守。初本以解《春秋》，习久不察，各是所长，遂以遍说群经。此鲁之今学为孔子同乡宗晚年说以为宗派者也。燕赵弟子，未修《春秋》以前，辞而先反，惟闻孔子"从周"之言；已后改制等说未经面领，因与前说相反，遂疑鲁弟子伪为此言依托孔子。如汉人传经别杂异端，乃自托于师终时手授其传，故弟子不信其书之比。故笃守前说，与鲁学相难。一时隐君子习闻周家故事，亦相与佐证，不信今学而攻驳之，乃有《周礼》《左传》《毛诗》之作。自为朋党，树立异帜，以求合于孔子初年之说。此古学派为远于孔子兼采时制，流为别派者也。其实今学改者少，不改者多；今所不改，自当从古。凡解经，苟今学所不足，以古学补之可也。齐人间于二学之间，为乡土闻见所囿，不能不杂采，乃心欲兼善，遂失所绳尺。不惟用今学所无，并今学有明文者，亦皆喜新好异，杂入古说，今不为今，古不为古，不能施行。然九家之中有杂家一派，则兼收并蓄，志在包罗，亦学人积习也。昔人云："仲尼没而微言绝，七十子丧而大义乖。"此之纷纭，大约七十子丧之后乎！皆不善学者之所致耳。

　　《易》《书》《诗》《春秋》《仪礼》《周礼》《孝经》《论语》今、古之分，古人有成说矣；唯《戴记》两书中诸篇自有今、古，则无人能分别其说。盖《戴记》所传八十余篇，皆汉初求书官私所得，有先师经说，有子史杂钞，最为驳杂。其采自今学者，则为今学家言；采自古学者，则为古学家言。汉人以其书出在古文之先，立有博士，遂同以为今学。此今、古所以混淆之始，非郑康成之过也。然考《异义》，虽以《戴礼》为今说，而杜、贾诸家注《周礼》《左传》，于《戴记》有引用之篇，有不引用之篇。是当时虽以《戴礼》为今学，而古文家未尝不用其说，足见其书之今、古并存矣。今之分别今、古，得力尤在将《戴礼》中各篇今、古不同者归还本家，《戴记》今、古定，群经之今、古无不定矣。予以《王制》为今学之祖，取《祭统》《千乘》《虞戴德》《冠义》《昏义》《射义》

《聘义》《乡饮酒义》《燕义》等篇注之，附于今派。取《祭法》篇为古《国语》说；又取《玉藻》《盛德》《朝事》等篇为古《周礼》说；又以《曲礼》《檀弓》《杂记》为古《春秋左氏》说。详见《礼记今古篇目表》。至于其余，或为《仪礼》说，或为《诗》《礼》《孝经》说，阴阳五行说，学问派、子史派、阴阳五行派，无今、古之分及今、古杂用者，都为考订。每篇各自为注，以类相从。再不求通别家，牵混异解。《戴记》一明，则群经无不大明。盖以《记》中诸篇经说居十之七八，自别入《记》中，经不得记不能明，记不得经无以证，仳离两伤，甚至援引异说以相比附，故注解愈多，经意愈晦，经学亦愈乱。今为合之，如母得子，如石引针，瓜分系别，门户改观，群经因此大明，故云得力处全在解得《戴记》。予以《王制》解《春秋》，无一字不合，自胡、董以来绝无此说。至以《戴记》分隶诸经，分其今、古，此亦二千年不传之绝学。微言大义，幸得粗窥，故急欲成之。或以此说为过奇，不知皆有所本，无自创之条，特初说浅而不深，偏而不全，心有余而力不足，形近是而实则非；久乃包罗小大，贯穿终始，采花为蜜，集腋成裘，无一说不本前人，无一义仍袭旧说，积劳苦思，历数年之久。于盘根错节，外侮内忧，初得弥缝完善，而其得力尤在分隶《戴记》，观前表及《两戴章句凡例》可见。

或问：《王制》制度，孔子全用殷礼，抑亦别有所本？曰：孔子答颜子参用四代，《王制》言巡狩与《尧典》合，则不独殷礼矣。又《纬》云殷五庙，周七庙；尹更始说《穀梁》七庙，据周；天子称崩，刘向说亦云据周；是《王制》参用四代之证。然《中庸》云："吾说夏礼，杞不足征；吾说殷礼，有宋存焉。"是春秋时，夏以前礼制皆残缺不可考。大约孔子意在改制救弊，而虞乐、夏时以外多不可考，故建国立官，多用殷制，《纬》云《春秋》用殷礼是也。《说苑》引伊尹说三公、九卿、二十七大夫事，与董子同，是立官用殷礼也。《纬》云殷爵三等，周爵五等，今爵五而地三，是亦用殷礼也。《春秋》有故宋之说；《穀梁》主王后其先殷人二义；孔子卒，殡用殷礼。故《春秋》见司马、司城二官，明改制用殷礼三公也。《殷本纪》伊尹说汤以素王之法，与《春秋》素王义同。史公素王妙论，亦以伊尹为主，岂"素王"二字亦从伊尹来耶？说者以素为从质之义，史公论范、计，亦质家意，岂素王为伊尹说朴质之教，孔子欲改周文，仿于伊尹从质之意而取素王，故《春秋》多用殷礼耶？

或以今、古为新派。曰：此两汉经师之旧法也。详见前卷。以《王制》主今学无据。曰：俞荫甫先生有成说矣。以《国语》在《左传》先为无考。曰：此二书为二人作，赵瓯北等早言之矣。《戴记》有今有古，郑、马注《周礼》《左传》已有此抉择矣。今、古二家各不相蒙，今、古先师早有此泾渭矣。以今、古分别礼说，陈左海、陈卓人已立此宗旨矣。解经各还家法，不可混乱，则段玉裁、陈奂、王劼注《毛诗》已删去郑《笺》矣。以《礼记》分篇治之，则《隋志》已有《中庸》《丧服》《月令》单行之解矣。今与今合，古与古合，不相通，许君《异义》早以类相从矣。考订《戴记》简篇，则刘子政、郑康成已有分别矣。今之为说，无往非因，亦无往非创；举汉至今家法融会而贯通之，以求得其主宰。举今、古存佚群经，博览而会通，务还其门面，并行而不害，一视而同仁。彼群经今、古之乱，不尽由康成一人。今欲探抉悬解，直接卜左，则举凡经学蒙混之处，皆欲积精累力以通之，此作《今古考》之意也。

今、古之分，于经传以《王制》、《周礼》、三《传》、《戴记》为证，于礼制以宗庙、禘祫、田税、命官、制禄为证，可谓详明。然此别其异同，试以"会同"明其意旨。《论语》有会同，是当时本有会同，故公西举之，此《论语》据古学之证也。《周礼》有会同，合于《论语》，是《周礼》用旧仪典册之证也。《春秋》无同，是孔子不守周礼，自立新制之证也。《左传》无同，是《左传》缘经立说，经所无者不能有之证也。《书·禹贡》《诗·车攻》有会同，此夏、周有会同之旁证也。《国语》《孝经》无会同，此别派异于《周礼》之证也。即此一事考之，前后沿革，本原派别，皆可由之而悟。语简事繁，学者当举一反三也。

予撰《今古礼制分类钞》，以徐、秦《通考》为蓝本，分今为五派，古为六派，详见前《流派表》中。以为正宗。凡古有今无、今古同、今古杂者，别立三门收之，子、纬亦附焉。至《易》《书》《诗》旧皆同列，既无明文，惟据注疏分隶，今尽削落，不以为据；其有明文者，分为四代制，以入《沿革表》。《论语》今、古兼有，亦如《礼记》分篇例，各从其类。汉人《易》《书》《诗》《孝经》皆分今、古，误说也；以《易》

《诗》证礼制，亦误据也。《礼记》兼有今、古，以隶今学，误也；《论语》今、古杂，今、古二家立二派，各为家法说之，亦误也。今尽汰误说，别立新门，学者据此分钞分说，礼制泾渭判然，不啻江河，执此治经，庶有澄清之效。

《司马法》司马主兵，《王制》之传也。其言兵制出师，与《周礼》不合，盖全主《王制》也。《孔丛子·军制篇》间于今、古之间，有用《周礼》之文，有用《司马法》之文。今凡与《王制》《司马法》同者，则以入《王制》；与《周礼》同者，入古也。又考《司马》逸文与《王制》同见于孔、贾诸疏所引者，今本乃无之。岂孔、贾所引别一书，今存本乃穰苴书欤？

三统循环，由周而夏，此质家矫枉之言，孔子不主此议。周末名流，竞欲救文。老、尹、桑、庄，厌弃文敝，至于排仁义，不衣冠。矫枉者必过其正，此诸贤之苦心，救世之良药也。然风气日开，文明渐备，宜俗所安，君子不改，情文交尽，来往为宜，若欲改周从夏，不惟明备可惜，亦势所不行。继周不能夏制，亦如继唐、虞之不能用羲、轩也。子桑伯子，欲复夏礼者也；《说苑》言孔子往见论文质之事。《论语》所谓"简"，谓夏制也；"敬"，谓殷制也。孔子许伯子之质，仲弓以继周不能用夏，惟当用殷，小参夏意，深明损益，洞达治体，与孔子语颜子意相合。故夫子以南面嘉之，谓可与言继周之事。《王制》用殷礼，仲弓有启予之助。又孔子言服周冕，非独取一冕，凡仪注等威、章服、文藻之事，皆从冕推之，故仪礼以及威仪皆不改也。"乘殷辂"，"辂"取实用，务于致远，凡制官、爵命《王制》所改之事，皆其太甚，有害无益者也。至于夏制，所取者少，人事日文，不能复古。惟天道尚质，行时郊祀，大约皆夏正也，假时、辂、冕以示其例而已。四科之中，颜子、仲弓以德行见。制作精意，二子得闻，以下偏才，舍大谋细矣。所改者今，不改者古，观其因革之原，而今、古之事思过半矣。

周制到晚末积弊最多，孔子以继周当改，故寓其事于《王制》。如因尹、崔世卿之事，乃立选举之政；因阖弑吴子之事，乃不使刑者守门；因诸侯争战，乃使二伯统制之；国大易为乱，乃限以百里；日月祭之渎祀，乃订为四时祫祭；厚葬之致祸，乃专主薄葬。凡其所改，专为救弊，此今学所以异古之由。至于仪礼节目与一切琐细威仪，皆仍而不改。以其事文郁足法，非利弊所关，全用周制，故今学《祭统》《祭礼》仪注与古学《祭义》同也。凡今学改者少，其不改者皆今、古同仪。《礼记》虽为今学，然所言与经不相倍，以此仍用周制之故。通考《分类钞》，凡今无者别为一册，入此门者，皆今、古所同者也。

今学只一派。虽齐、韩参用古学，然其主今学处无异说也。古学则在经已有数派，不能同。故《今古分类钞》凡专派与所无，皆为注明。如会同为《周礼》专派，禘尝为《孝经》专派。他家所无者，入之。又《周礼》无禘祫；《左》《国》无祫；《周礼》朝、觐、宗、遇分四时，为专派；《左》《国》有朝无觐、宗、遇；并为注明分隶。治古学者当守此界限，亦如今、古之严，不可但因其俱为古学，遂蒙混而说之，如前人之混乱今、古也。

今、古之分，本以礼制为主。至于先师异解，汉人因其异师，亦以为有今、古之别，实则非也。如爵制之大小，垒制之异同，六宗之名目，社主之松柏，既无所据，何分古、今？又《尚书》稽古有"同天""顺考"之异说，然无关礼制，随便可也。因"同天"偶为今学家言，"顺考"偶为古学家言，学者亦遂以为今、古有所分别，实则不然。今学附庸，古《周礼》无附庸。《异义》古学说有附庸，此亦后师误说。许氏有"从今改古"之条，皆此类也。

今学礼，汉以前有《孟》《荀》《墨》《韩》可考。古学则《国语》《周书》外，引用者不少。汉初燕赵之书不盛传，贾、张以外少所引用，然不能谓其出于晚近也。

今天下分北、南、平三皿，予取以为今、古学由地而分之，喻古为北皿，鲁为南皿，齐为中皿。北人刚强质朴，耐劳食苦，此古派也。南人宽柔敦厚，温文尔雅，此鲁派也。中皿间于二者之间，舟车并用，麦稻交储，习见习闻．渐染中立，此中皿派也。齐学之兼取古、今义，正如此。

《孝经》《论语》，《汉志》有今、古之分。今欲复二派之旧，其事颇难。《孝经》为古派，全书自成首尾。《论语》则采录博杂，有为今学所祖，有为古学所祖。欲一律牵合，于今、古说必多削足合履之失。然旧有古、今二派，又不能强合之，窃欲仍分为二家。《论语》今学详今，古学详古，凡异说皆注明，如附解存异之例。至于《孝经》，纯以今学说之，则又用

《左传》以古礼说《春秋》之法。好学深思之士，必能成此书也。

今、古经传，唯存《春秋》。《王制》《周礼》皆三《传》所据以为今、古之分者。四家为今、古之正宗，同异之原始。二门既别，然后先师各囿所习，推以说《易》《书》《诗》《论语》《孝经》。凡此五经今、古之说，皆后来附会之谈，非本义也。说《春秋》得孔子修述之旨者，三《传》之中唯《穀梁》。说《易》《书》《诗》《论语》《孝经》，皆当力求秦汉以前之说。故五经今、古先师之说，多与以前同。今当以秦以前者为正义，汉以后者为晚说也。

《艺文志》"《孝经》"下云："各家经文皆同，惟孔氏壁中古文为异。'父母生之，续莫大焉'，'故亲生之膝下'，诸家说不安处，古文皆异。"《孝经》古文异今文，不审是先秦原文，抑汉后译改？然必有不安，其说乃异，是今文自招之也。《左传》破今学，其所以立异之处，亦如《孝经》，多由今说不安，或弟子主张太过，或义例繁难不能画一之处，古传则必别立一说以易之。如何氏《日月例》，何怪唐宋人极诋之？范注不知《春秋》用《王制》，何怪其据《周礼》以驳传？苟能尽明今学，则其事理平实，人亦何苦而思易之？空穴来风，终当自尤也。

今以《穀梁》《左氏》为今、古学根本，根本已固，然后及《礼》与《易》《书》《诗》等经。盖古、今起于《春秋》与《王制》《周礼》，余皆先师推所习以说之者。《统宗表》即此意也。根本已立，然后约集同人以分治群经，人多经少，当易成也。

今、古说，其见《异义》者，多非其实。大约出于本书者为上，其称某家说者多附会之谈。许君于其互异者，每以有明文、无明文为说。是有明文为可据，无明文为不足据也。而明文之说，文以平实者为正，如三公、九卿之类是也。推例为附会，如《易》家以六龙定六马，《诗》家以谭公为称公是也。学者不察，则附会之说最易误人。凡人说一事，口之所出多流为歧异，如明堂、郊、禘诸说纷纭是矣。又六宗之说，至二十余家不同，有何明文？皆意为之。此不足据也。先师主持一说，末流每至附会。如《公羊》本素王，因素王之义遂附会以为王鲁是也。有震惊张皇之色，乃过情虚拟之词。今者细为分出，务使源流派别，一览而明。其于《异义》所言，不无千虑一得矣。

《诗》《书》有四代异制，以今、古学说之，皆非也。然先师既主此说，则不能不婉转以求通，所谓削足适履之事，每不免焉。如九州之制，《王制》所言共五千里，《周礼》所言则万里，此今、古礼制之分也。特二学皆就春秋制度言之，不必通说四代也。而《尚书》有五服之文，本与《王制》三服、《周礼》十服不合。而先师欲各合其礼制，故今学之欧阳、大小夏侯说则以五百里为一服，五五二千五百里，合南北得五千里，减省里数以求合《王制》之说也。古学之杜、马说，则以为千里为一服，五服五千里，合南北为万里，加多里数以求合《周礼》之说也。实则《王制》《周礼》之说，皆与《尚书》夏制不相关。而今、古先师乃欲抱其《王制》《周礼》之说以遍说群经，统括沿革。其中左支右绌、朝四暮三之踪迹，班班可考。今诚各知其所据以推考求通之意，则我用我法，得失易明。若不知其所据，震惊其异同，必求有所以折其中，或于其中更欲有左右焉，此岂能合也哉？予确知先师折中求合之说都非本意，故欲以四代沿革补正其误，使知此皆后师推衍之说。不明此意，经意何由得哉！

三《传》著录，皆先秦以前。《穀梁》鲁人，《左传》燕赵人，故《公羊》出入二家，兼收燕鲁，特从今学者多耳。今学二伯，古学五伯，《公羊》从五伯之说。他如仲子为桓母，改蔡侯，东为朱，凡此皆事实之变异者。至于礼制，则说禘说郊，时杂古制。盖以齐居鲁与燕之间，又著录稍晚，故其所言如此。好学深思者，当自得之。

《左传》出于今学方盛之时，故虽有简编，无人诵习，仅存秘府而已。至于哀、平之间，今学已盛而将微，古学方兴而未艾。刘子骏目见此编，遂据以为今学之敌，倡言求立。至于东汉，遂古盛而今微，此风气盛衰迭变之所由也。

今学传孔子，本始于鲁。公羊始师齐人，受业于鲁，归以教授，当其始，仍《穀梁》派也。如荀子游学于齐，学于公羊，始师其说。《春秋》多同《穀梁》，是齐学初不异于鲁学之证。至于归以教授，齐俗喜夸好辨，又与燕赵近，游士稷下之风最盛，故不肯笃守师说，时加新意，耳濡目染，不能不为所移。齐学之参杂于今、古之间，职是故也。《儒林传》言，伏生口授《尚书》有壁藏书，《公羊》有齐语，故人以为旧由口授，至汉乃著竹帛。实则群经著录，皆在先秦以前。

《公羊》之有齐语，是秦前先师，非汉后晚师。不如旧说孔子畏祸远言，不著竹帛也。

鲁恭王坏宅所得之书，不止古学，即今学亦有，以其书已先行，故不言耳。壁中诸书，皆鲁学也。伏生口授《尚书》，世已尊行；鲁壁中古文出，孔氏借以写定，鲁《书》遂变为古学矣。《春秋公羊》由齐传授，壁中所出，当即《榖梁》。《榖梁》传而壁中鲁学《尚书》之本文不传，遂使人疑非其比，岂不可惜哉！

壁中《尚书》出，东汉诸儒以古学说之。亦如《仪礼》古文而西汉诸儒以今学说之也。二书本无今、古之分，其以今、古分门户，先师附会之说也。

鲁人不喜为汉用，汉家因少抑之，鲁学又无显者。《公羊》之盛，全由公孙弘。《榖梁》经传皆先秦之遗。史公云："秦虽焚书，而邹鲁弦诵之声不绝。"故汉初征鲁生讲礼，鲁书未亡。汉抑鲁学，可由史公之言悟之。其后既久，乃兴鲁学，而犹假借坏宅得书以为说者，则又史臣回护之言，不尽事实也。

鲁《书》未亡，学犹盛，故《鲁诗》《穀梁》江公能传之。不然，则江公何以崛起？鲁《书》学之亡，则以世无达者，不幸而亡。《穀梁》虽存，终汉乃得立，此鲁学之所以微也。鲁《尚书》家不传，班《书》谓伏《书》传于齐鲁，非也。鲁自有《尚书》，不传于世，辨意欲周旋此事耳。

汉初，齐人以经术贵显者，始于伏生，继以公孙弘，故齐学盛。鲁无显达，故以浸微。至于重鲁轻齐，则宣、元以后风气改变之言，亦赖当时天子、丞相之力耳。不然，终汉不得立也。

汉初，经学分三派，鲁、齐、古是也；分二派，今、古是也。分三派者，《诗》《鲁诗》《齐诗》《韩诗》《毛诗》。《春秋》《穀梁》鲁，《公羊》齐，《左传》古。《礼》鲁高堂生传《士礼》，齐后仓，古《周礼》。《论语》，《鲁论》《齐论》《论语古》也。四经是也。分二派者，《易》《尚书》《孝经》，三经是也。《尚书》今学，出于伏生，齐学也。《易》传于田何，亦齐学也。《孝经》后仓、翼，亦皆齐学也。然则七经中，齐、古学皆全。所缺者，鲁之《易》《书》《孝经》三经说也。汉初，齐盛鲁微，故失三经之传。而古学行于民间，乃能与齐学相敌。则以古与今异，齐、鲁同道，故存齐而鲁佚与！

《毛诗》说田猎，与《穀梁》同文，此古、今学所同之礼制。故予谓今学所不改者，皆用周礼是也，柳氏大义不察，乃以《毛诗》与《穀梁》同师，则合胡越为一家矣。古、今学所同之礼，当由此推之也。

汉儒著书，初守一家之说；至于宣、元以后，则不能主一家。如刘子政学《穀梁》，而《五经通义》《新序》《说苑》中所载礼制，乃有与古学同、今学异者。是不专主一家之证。

汉初古学不显，而《公羊》中乃多用古礼，此古学先师在《公羊》著录以前已经大行之证。因《公羊》之录用其说，足知其书出在秦以前矣。

《穀梁传》言"誓诰不及五帝，盟诅不及三王，交质子不及二伯"与《荀子》同。据此说，则今说谓周初无盟，桓、文不交质也。《周礼》有盟，《左传》有交质，此即实事，亦不与今说相妨。《周礼》非周公手定，《左传》桓、文亦无交质事，疏家乃以《穀梁》为汉初人著录，不见古籍而然。如此说，则何以解于《荀子》？又《穀梁》为汉人作，从何得来？凭空臆造，全无实据，然疏家说不足驳斥也。

《春秋》去文从质、因时救弊，意本于老子，而流派为子桑、惠、庄之流。墨子学于孔子，以其性近，专主此说。用夏礼改周制，本之于《春秋》，如"薄葬"即《王制》不封不树之意。特未免流于偏激，一用夏礼，遂欲全改周礼，与孔子之意相左矣。春秋时有志之士皆欲改周文，正如今之言治，莫不欲改弦更张也。

《论语》"禹无间然"一章，全为《墨子》所祖，所谓崇俭、务农、敬鬼、从质，皆从此出。然孔子美黻冕，墨子则并此亦欲改之。当时如墨说者不下数十家，特惟墨行耳。

《礼》学之有古、今派，是也。然七十子之徒，文质易见，异同最多。所言之事，有不见于《周礼》《仪礼》《王制》者，此等礼制不能归入于今，亦不能归入于古。窃以此类亦有数例。有为经中未详之义，补经未备，如《仪礼》诸记之类是也。有为缘经起义，如《诗》《书》有此说，先师存此义，为《礼经》所不详，如《王制》言天子大夫为监之类是也。有为沿革佚文者，《周礼》《仪礼》皆一时之书，一代典礼，每有修改；《礼纬》言周初庙制，与后来不同，此亦修改之例。不知《周礼》为何时之书，《仪礼》为何时之书，则其中不无修改刊落之文，如《左氏》言文、襄之礼之类是也。有异说别录者，古人习礼，质文随意，有既从

而其异说亦偶存之，如子游、子夏之裼袭不同是
也 有为士君子一人之事不合时制者，如《乡党》记孔
子 ，张盟生说此皆孔子一人之事，与常不合者，使
常 可不见，又其事为朝廷所不详之事，故随人而改
是也 有为训诫之事，如《幼仪》《弟子职》之类，并
非国 典礼，私家编此以训童蒙，言人人殊，详略
随意之 。有礼家虚存此说，欲改时制，未见施行
者。有 误据为典要，实与礼制不合者。有残
篇断简， 。有经传混淆，前后失次者。有句
读偶误，断 门目既多，岂能必所言之皆合本
义？故说经以《 杂难通。然既得其大纲，再
为细分节目，有所 疑，就所立门目以求之，
想当十得八九矣。

《周礼》之书，疑是燕赵人在六国时因周礼不存，
据己意，采简册摹仿为之者。其先后大约与《左传》
《毛诗》同，非周初之书也。何以言之？其所言之制与

《尚书》典礼不合，又与秦以前子书不同。且《孟子》言："诸侯恶其害己，而去其籍。"无缘当时复有如此巨帙传流。故予以为当时博雅君子所作。以与《王制》相异，亦如《左传》之意。其书不为今学所重，故《荀》《孟》皆不引用。其中礼制与《左传》不同，必非一人之作。但不识二书孰在前，孰在后？孰为主，孰为宾也？

《仪礼》经为古学，《记》为今学，此一定者也。今不能于二者之中而分之。大约高堂传经以后，已为今学。后古经虽多廿余篇，无师不习，是经亦今学之经矣。于此经欲立今、古二派，殊难措手。然细考《记》文，颇有与本经不同者，则经为古学，《记》为今学，亦不妨稍分别之。以示源委区别之意。

西汉今学盛，东汉古学盛。后盛者昌，而《易》《尚书》《诗》《礼》之今学全佚，而惟存古学，无以见今学本来面目。犹幸《春秋》今学之二传独存，与古相抗，今学全由《春秋》而生，又孔子所手定之书，其所以不亡，或者鬼神为之呵护。予立今学门户，全据二传为主，至今学所亡诸书，皆以二传与《左传》相异之例推之，以成存亡继绝之功，准绳全操于此。此又治经之一大幸也。

《异义》引今、古说，有经传、师说二例。师说多于经传十分之七八，非议礼之口说，则章句之繁文，未足为据。汉廷议礼，视丞相所学。苟与之同，虽屈而可申；倘或异家，即长亦见绌。半以势力辩讷定优劣，无公道也。又东汉以后，今学与古学争，如《异义》所载是也；西汉以前，则今学自与今学争。夫一家之中，何有长短？乃意气报复，自生荆棘，如辕固、黄生之论汤武，彭祖、安乐之持所见，必于家室之中，别图门户之建。盖诸人贪立太常，邀求博士。汉法：凡弟子传先师说，苟其同也，则立其师；倘有同异，则分立弟子。故常时恒希变异以求立。严、颜因此得并在学官，大小夏侯、大小戴意亦如此，其分门为利禄也。以此倡导学者，宜乎人思立异。实本一家，而夺席廷争，务欲取巧，遂致同室操戈。后来古学大盛，今学遂不自攻而深相结纳，以御外侮，而已有不敌之势。无事则相攻，有事乃相结，《唐棣》之诗，何不早诵乎！

予约集同人，撰《王制义证》。以《王制》为经，取《戴记》九篇，外《公》《穀传》《孟》《荀》《墨》《韩》《司马》及《尚书大传》《春秋繁露》《韩诗外传》、纬候、今学各经旧注，据马辑本。并及两汉今学先师旧说，《今文尚书》《三家诗》用陈氏辑本。至于《春秋》《孝经》《论语》《易》《礼》尚须再辑。务使详备，足以统帅今学诸经，更附录古学之异者，以备参考。此书指日可成，以后凡注今学群经礼制，不必详说，但云见《义证》足矣。如今《易》《尚书》《春秋》《公》《谷》《诗》鲁、齐、韩、《孝经》《论语》皆统于《王制》，可以省无数疏解。习今学者但先看《王制》，以下便迎刃而解。起视学官注疏，不惟味同嚼蜡，而且胶葛支离，自生荆棘。一俟此书已成，再作《周礼义》以统古学。而其中节目详细，均见于《经话》中。

地理家有鸟道之说，翦迂斜为直径，予分今、古学，意颇似此。然直求径道，特为便于再加高深；倘因此简易，日肆苟安，则尚不如故迂其途之足以使人心存畏敬。然二派之外又有无数小派，稽其数目不下八九家，苟欲博通周揽，则亦非易事。

郑君号精通三《礼》，其《王制注》或周或殷，一篇数易。注《王制》采《祭法》，注《祭法》用《王制》，徒劳唇舌，空掷简札，说愈繁而经以愈乱。大约意在混同江河，归并华岱，自谓如天之大，无所不通，乃致非类之伤，各失其要也。《后书·儒林传》：中兴，郑众传《周官经》。后马融作《周官传》，郑玄作《周官注》。玄本习《小戴礼》，后以《古礼经》校之，取其义长者，故为郑氏学。案：此谓郑君混合今、古也。

今、古不同，针锋相连，东汉诸儒持此门户犹严。许叔重治古学，《五经异义》是古非今，《说文解字》不用今学；杜、郑、贾、马所注《周礼》《左传》等书，不用今说；何君《公羊注》不用《周礼》；是其证也。郑君生古盛今微之后，希要博通之名，欲化彼此之界，为何以笺《诗》？欲以今学入古也。为何以注《周礼》？欲以今说补古也。为何以注《尚书》？欲以今文附古也。今、古之分，自郑君一人而斩，尊奉古学而欲兼收今文，故《礼记》《仪礼》今古之文，一律解之，皆其集大成一念害之也。魏晋学者尊信其书，今、古旧法遂以断绝，晋儒林所传，遂无汉法，且书亦因此佚亡，不能不归过于郑君。盖其书不高不卑，今、古并有，便于诵习，以前今、古分门之书皆可不习，故后学甚便之，而今、古学因之以亡，观于表说可以见之，不可不急正者也。

郑君之学，主意在混合今、古。予之治经，力与郑反，意将其所误合之处，悉为分出。经学至郑一大变，至今又一大变。郑变而违古，今变而合古。离之两美，合之两伤，得其要领，以御繁难，有识者自能别之。

予创为今、古二派，以复西京之旧，欲集同人之力，统著《十八经注疏》，今文《尚书》《齐诗》《鲁诗》《韩诗》《戴礼》《仪礼记》《公羊》《穀梁》《孝经》《论语》，古文《尚书》《周官》《毛诗》《左传》《仪礼经》《孝经》《论语》《戴礼》《易》学不在此数。以成蜀学。见成《穀梁》一种。然心一志有余，时事难就，是以初成一经而止。因旧欲约友人分经合作，故先作《十八经注疏凡例》。既以相约同志，并以求正高明，特多未定之说，一俟纂述，当再加商订也。昔陈奂、陈立、刘实楠、胡培翚等诸人在金陵贡院中，分约治诸经疏，今皆成书。予之所约，则并欲作注耳。

予治经以分今、古为大纲，然雅不喜近人专就文字异同言之。二陈虽无主宰，犹承旧说，以礼制为主。道、咸以来，著作愈多。试以《尚书》经言之，其言今、古文字不同者，不下千百条。盖近来金石剽窃之流，好怪喜新，不务师古，专拾怪僻，以矜雅博。夫文人制词，多用通叚，既取辟熟，又或随文，其中异同，难言家法。两汉碑文，杂著异字，已难为据；况一乃滥及六朝碑铭，新出残篇。偶见便欲穿凿附会，著录简书，摭其中引用经语异文异说，强分此今文说，此古文说。不知今、古之学，魏，晋已绝，解说虽详，毛将安附，此大蔽也。石经以前，经多译改，今、古之分，不在异文，明证在前，无俟胪证。陈左海以异字通假为今、古之分，亦不得已之举，所取汉人辞赋之异文，徒取简编宏富，非正法也。古、今异字，必系不能通假有意改变者，方足为据。如《左传》之改"逆"为"送"，改"尹"为"君"改"伯"为"帛"之类，实义全反，然后为异。不然则毕录异同，亦但取渲染耳。

若词人之便文，晚近之误夺，牛毛茧丝，吾所不取。

　　大小戴《记》九十余篇，凡《礼经》记文不下十篇，以此推之，则别经之记当亦有编入者。今定《王制》为《穀梁》《公羊》记；《曲礼》上半小学，下半为《春秋》；《檀弓》《祭法》《杂记》为《左传》记；《玉藻》《深衣》《朝事》《盛德》为《周礼》记；《祭义》《曾子》十篇为《孝经》记；《经解》《表记》《坊记》《缁衣》为经学说之类。详见《两戴记今古分篇目表》。经、记互证，合则再美，离则两伤，此千年未发之覆也。又《礼运》三篇，有经有传，当合为一大传。《大传》为经，《服问》《丧服小记》二篇为传，当合为一。窃意此《礼运》三篇旧本一事，乃记夫子与子游论礼之言。子游习礼，此其授受之证也，后来先师各加注记。后因文多，分为三篇，经、传混淆，前后错杂，使读者如散钱满屋，不知端委。今因《王制》例推之，分为经、传，便有统制。至于《大传》为经，《服问》《小记》为记，观其篇目命名，已得其大概矣。

俞荫甫先生以《王制》为《公羊》礼，其说是也。壬秋师以其与《大传》同，不言封禅，非博士所撰之《王制》，亦是也。盖《王制》孔子所作，以为《春秋》礼传。孟、荀著书，已全祖此立说。汉博士之言如《大传》，特以发明《王制》而已，岂可与《王制》相比？精粹完备，统宗子纬。鲁齐博士皆依附其说，决非汉人所作。卢子幹因不能通其说，故以为博士作，以便其出入，实则非也。

《王制》有经有传，并有传文佚在别篇者。至于本篇经传之外，并有先师加注记之文，如说尺亩，据汉制今田为说是也。此固为戴氏所补，至目为博士手笔，则误读《史记》矣。

《王制》无一条不与《榖梁春秋》相同。说详《义证》。二书皆蚀蒙已久，一旦明澈，可喜何如？不封不树不贰事，郑以为庶人礼，不知《穀梁传》已有明文。讥世卿、非下聘、恶盟，尊齐、晋为二伯，以曹以下为卒正，以冢宰、司马、司城为三公，亦莫不相合。至于单伯、祭仲、女叔诸人使非为监之说，则听《左氏》、何君之互争，不能一断决。范氏据《周礼》以驳传，亦无以折之矣。

《春秋》之书以正将来，非以诛已往。《王制》一篇即为邦数语，道不行乃思著书，其意颇与《潜夫》《罪言》相近，愤不得假手以救弊振衰，则欲将此意笔之于书。又以徒托空言，仅如《王制》则不明切，不得已乃借春秋时事以衍《王制》之制度，司马迁言之详矣。《王制》所言皆素王新制，改周从质，见于《春秋》者也。凡所不改，一概从周。范氏注《穀梁》，以《周礼》疑《王制》。据周制驳《春秋》，是呓语耳。又孔子所改皆大纲，如爵禄、选举、建国、职官、食货、礼乐之类，余琐细悉不改。其意全在救敝，故《春秋》说皆以为从质是也。

今学、古学之分，二陈已知其流别矣。至于以《王制》为今文所祖，尽括今学，则或疑过于奇。窃《王制》后人疑为汉人撰，岂不知而好为奇论？盖尝积疑三四年，经七八转变，然后乃为此说。疑之久，思之深，至苦矣！辛巳秋，检《曲礼》"天子不言出"、"诸侯不生名"数节，文与《春秋传》同，又非礼制，因《郊特牲》《乐记》一篇有数篇、数十篇之说，疑此数节为先师《春秋》说，错简入《曲礼》者也。癸未在都，因《传》有二伯之言，《白虎通》说五伯首说主兼三代，《穀梁》以同为尊周外楚，定《穀梁》为二伯，《公羊》为五伯。当时不胜欢庆，以为此千古未发之覆也。又尝疑曹以下，何以皆山东国？称伯、称子、又与郑、秦、吴、楚同制？爵五等，乃许男在曹伯之上？考之书，书无此疑；询之人，人不能答。日夜焦思，刻无停虑，盖不啻数十说，而皆不能通，唯阙疑而已。甲申，考大夫制，检《王制》，见其大国、次国、小国之说主此立论，犹未之奇也；及考其二伯、方伯之制，然后悟《穀梁》二伯乃旧制如此，假之于齐晋耳。考其寰内诸侯称伯及三监之说，然后悟郑、秦称伯，单伯、祭仲、女叔之为天子大夫，则愈奇之矣，犹未敢以为《春秋》说也。及录《穀梁》旧稿，悉用其说，苟或未安，沉思即得，然后以此为素王改制之书，《春秋》之别传也。乙酉春，将《王制》分经传写钞，欲作《义证》，时不过引《穀梁传》文以相应证耳。偶抄《异义今古学异同表》，初以为十四博士必相参杂。乃古与古同，今与今同，虽小有不合，非其巨纲，然后恍然悟博士同为一家，古学又别为一家也。遍考诸书，历历不爽，始定今、古异同之论。久之，悟孔子作《春秋》、定《王制》为晚年说，弟子多主此义，推以遍说群经。汉初博士皆弟子之支派，故同主《王制》立说。乃定《王制》为今学之祖，立表说以明之。蚁穿九曲，予盖不止九曲，虽数十百曲有矣。当其已明，则数言可了；当其未明，则百思不得。西人制一器，有经数十年父子相继然后成者。尝见其石印，转变数过，然后乃成，不知其始何以奇想至此。予于今、古同异，颇有此况。人闻石印，莫不始疑而终信，犹归功于药料；此则并药料无之，将何以取信天下乎！

史公不见《左传》，则天汉以前固无其书。然《前汉·儒林传》谓张苍、贾谊传《左传》学，为作训解；《艺文志》无其书，则其说亦误袭古学家言也。按《国语》早出而《左传》晚兴，张、贾所见皆为《国语》。因其为左氏所辑，言皆记事，与《虞氏》《吕氏》同有《春秋》之名。其称《左氏春秋》者，即谓《国语》，不谓《左传》。《左传》既出之后，因其全祖《国语》，遂冒"左氏"名为《左氏传》。又以其传《春秋》，遂混《左氏春秋》之名。后人闻传《左氏春秋》，不以为《国语》而以为《左传》。遂谓张、贾皆习《左传》，此其冒名混实之所由也。使当时有《左传》以传经，又有师说，张、贾贵显，何不求立学官？纵不立学官，何以刘子骏之前无一人见之？太史公博极群书，只据《国语》。刘子骏《移太常书》，只云臧生等与同，不云其书先见。班书又云，歆校书，见《左传》而好之，是歆未校书以前不见《左传》也。观此，则张、贾不习《左传》明矣。前亦颇疑《左传》为河间人所伪造，有数事可证其为先秦之书者。其书体大思精，鸿篇巨帙，汉人无此才，一也。刘子骏为汉人好古之最，犹不能得其意旨所在，则必非近作，二也。使果一人所为，则既成此书，必不忍弃置；且积久乃成书，力不易，亦必有人治其学、传其事。书成以后不授学者，而以全部送之秘府，又无别本，使非刘子骏，将与《古文尚书》同亡，至重不忍轻弃，三也。《曲礼》出在汉初，已为传记，则原书必不在文、景之后，四也。西汉今学盛，使果西汉人作，必依附二家，不敢如此立异，五也。以旧说论之，驳《左》者谓成于建始，则不若是之迟；尊《左》者谓出于汉初，则不若是之早。能知迟早成出之原，则庶乎可与谈《左》学矣。

汉人今、古之说，出于明文者少，出于推例者多。《白虎通》所引《尚书》说之敛后称王，《公羊》说之三年称王，《诗》《春秋》之五不名、五等皆称公，皆推例之说也。然明文之说，亦多出于推例。如《公羊》之由经推礼，与《左传》之由经推礼，同一经也，有世卿、无世卿异，讥丧娶、不讥丧娶异，此又明文中推例得之者。然有明文之推例，皆先师说；无明文者之推例，皆后师说。后师推例虽同先师，然附会失解者多于先师，以其学不如先师也。故予今、古礼制，以《王制》《周礼》有明文者为正宗，以三《传》推例有明文者为辅佐。至于后师无明文之说，则去取参半。若《易》《尚书》《诗》《论语》《孝经》诸先儒说，除《礼记》本记诸篇外，则全由据《王制》《周礼》以推之者。此于今、古学为异派，其中或同或异，或因或革，则又立《流派表》以统之。

始因《白虎通》胪列各经师说，欲将其说列为一表，名曰《五经礼制异同表》。后作《群经今古礼制异同表》，以为足以包括群籍，遂不作《五经表》。今案：此表不能不作。何以言之？诸经异说，有迥不相同，不关今、古之分者，如今《春秋》天子即位三年乃称王，而《尚书》说则据《顾命》以为初丧称子钊，敛后称王。据经为说，则无论今、古文《尚书》皆不能立异，与《春秋》三年称王之说不同。《春秋》据逾年称公，以为逾年称王，此据经也。《尚书》据"王麻冕"以为敛后称王，此亦据经也。诸经如此类者实众，不立此表，则此类无所归宿，又必在今、古学中为难矣。

博士言礼，据《礼》文者半，推经例者半。大约推例者皆当入《五经表》。何以言之？今学《王制》明文与古学不同者少，凡非明文则半多推例而得者，若以入《古今表》，反是以无为有，此当入《五经表》。见此异同，非三代之不同，非今、古之异一制，皆先师缘饰经义意造之说。又《礼记》中所言异同，有二家异说者。有文义小变者。此二派又足为《今古表》之陈涉、吴广，亦必求所以安顿之。二家说异者，立一表附《古今表》后。至于《曲礼》，本古文家说也。然所言六大、五官、六工之事，又全与《周礼》相反。足见古礼学中原有数派，但不用三公九卿，俱为古学也。大约《今古表》中今学只一派，古学流派多，以其书多人杂，不似今学少而专一也。

《异义》采录今、古说，多非明文，后师附会盖居其半。夫今、古异同，当以《王制》《周礼》为纲领，《公》《榖》《左氏》为辅佐。但据经传，不录晚说，唯议明文，不征影响。今许所录，可据者半，不可据者半。大约今、古分别，两汉皆不能心知其源。至于晚末，其派愈乱，如以今学说圣人皆无父而生，古学说圣人皆有父，岂不可笑！又《公羊》说引《易》"时乘六龙以驭天"，知天子驾六；未逾年君有子则庙，无子则否。皆误说也，而亦征录。又引《公羊》以郑伯伐许为讥。《左》说郑伯伐许以王事称爵，皆非经意，为余所驳者也。大抵许君身当晚近，有志复古，而囿于俗说，其作此书亦如其《说文解字》，真赝杂采，纯驳各半，屈于时势，莫可如何。然其采虽杂，今犹与今为一党，古犹与古为一党，不自相攻击。盖其始则同有乡人之义，继则同为博士党同伐异，视古学如雠仇，惟恐其进与为难，故虽自立异，仍不敢援之以自树敌，故说犹同也。

《异义》所录《左氏》，亦有异同。大约《左氏》亦有数家，故致歧出。如既言《左氏》说，"麟是中央轩辕大角兽，孔子作《春秋》者，礼修以致其于，故麟来为孔子瑞"。又采陈钦说："麟，西方毛虫。孔子作《春秋》，有立言。西方兑，兑为口，故麟来。"陈钦《左氏》先师也。是《左氏》固非止一家，故说不同也。又言《左氏》说："施于夷狄称天子，施于诸夏称天王，施于京师称王。"载籍不传此义，此盖用《曲礼》说《左传》也，而文、事与《曲礼》小异。此则未必异说之不同，盖《左氏》旧用《曲礼》说，后久失传，晚师无知者，而其初传授之义，犹相墨守，久而讹脱，故与《曲礼》殊异。亦如《公羊》言桓公盟词及孔子说，较之《孟子》多有讹脱是也。此《曲礼》为《左氏》说之起文，亦如《孟子》为鲁学《春秋》先师之起文也。

初不得古学原始，疑皆哀、平之际学人所开。不然，何以汉初惟传今学，不习古文？继乃知古学汉初与今学并传，皆有传授。所以微绝，则以文帝所求伏生，武帝所用公孙弘，皆今文先师。党同伐异，古学世无显达，因此不敌。《毛诗》假河间献王之力，犹存授受。至于《左传》《周礼》，遂以绝焉。西汉今文甚盛，皆以古学为怪，恶闻其说，习之何益，故不再传而绝。观刘子骏争立，诸儒仇之，可知古学之微，非旧无传，盖以非当时所贵尔。

古学微绝，以非时尚，然其书犹阴行于民间。《异义》言叔孙通制礼有日祭，是为古说。又云叔孙通制礼以为天子无亲迎，从《左氏》义。陆贾著书议礼，实多用其说，特未立学官耳。此为孤芳，彼有利禄，人孰肯舍此就彼。数传之后，今学至大师数千。古学之绝也，不亦宜乎！

孔子作《春秋》，无即自作传之理，故以口授子夏。《左氏传》则承史文而传之，亦非鲁史自作传也。今、古二家，孔子与鲁史比，子夏与《左氏》比，以为口说则皆口说，以为传记则皆传记，分别言之，皆未窥其原也。甲申拟博士答刘子骏书，尚未悟此理，寻常改作也。今、古诸经，汉初皆有传本传授。其中显晦升沉，存亡行绝，亦如人生命运，传不传，有幸不幸。诸说后来或分口说、载籍，或以为有师、无师，皆谬也。《仪礼》，班氏以为孔子时已不全，其说是也。

汉初，古文行于民间，其授受不传。然《尚书》《史记》所引多古文说，则武帝时有古《尚书》师也。毛公为河间献王博士，则古《诗》有师。古《周礼》说多见于《戴记》□□师说，当时尚多引用，是《周礼》□□亦有传也。暇时当辑为《汉初古文群经先师遗说考》，以明古文之授受，非汉人伪作也。

予读《儒林传》，未尝不叹学人之重利禄也。古、今本同授受，因古文未立学官，不惟当时先师名字遗说不可考，具有无是学，亦几不能决，岂不可痛惜乎！

《艺文志》有《周礼传》四篇，不知撰者何人。若在武、宣以后，必传名氏，岂秦、汉先师遗说之存者欤？《五行志》引《左传》说，亦不详为何人之作。或疑为刘子骏说。按刘语当著名氏，此亦秦汉先师说之偶存者。《戴记》中有二经师说，又当如今文《春秋》之

《王制》，为先秦以前之书，为二经祖本矣。

《王制》天子大夫为监于方伯国，《春秋》之单伯等是也。《左传》不用其说，而《周礼》云作之牧，立之监。其所云立监者，盖即与《王制》同，是古《周礼》亦有此说。《左传》异之者，盖为监实非当时故事，《周礼》新撰，偶同《王制》耳。

古说有与今说相反，今说大明，遂足以夺古学之说。纵有明据，解者皆依违不敢主张，显与今学为敌。如《左传》之"元年取元妃，卒哭行祭"是也。今学讥丧娶、丧中祭，此变古礼也。《左传》礼，元年娶元妃。文二年，公子遂如齐纳币。《传》云："礼也。凡君即位，好舅甥，修婚姻，娶元妃以奉粢盛，孝也。孝，礼之始也。"宣元年，"公子遂如齐逆女"，《传》无讥文，此《左传》即位娶元妃之证也。《传》云"娶元妃以奉粢盛"，明婚为祭，此丧祭之明证也。外如杜氏所引：襄十五年晋悼公卒，十六年晋烝于曲沃。郑公孙侨云："溴梁之明年，公孙夏从寡君以朝于君，见于尝酎，与执膰焉。"皆足为证。又僖三十三年《传》云："葬僖公，缓作主，非礼也。凡君葬，卒哭而祔，祔而作主，时祀于主，烝尝禘于庙。"按古礼重祔，今学不言祔；今学言祀主于寝，古学言祀主于庙，二者各异，不相通。古学作主以后，即祔于庙中。凡小祀日祭则但祀新主祔者，唯烝、尝、禘大祀，乃于庙行事，非不祭也。其讥吉禘庄公者，谓于祔主行禘祭，故讥之，非谓余庙皆不祭也。特祀于主，烝、尝、禘于庙，全从禘于庄公出来。后世学者以今混古，各相蒙乱，左右支吾，皆不能通矣。

古学亦用三年不祭之说，特谓新主耳。今学亦有丧不废祭之事，谓郊天耳。二家各有所据，其分析处甚微。《周礼》亦主丧祭，其说特为注家所掩耳。如丧中用乐，《周礼》有之，后人皆不敢主其说，亦是也。

鲁共王坏宅所得书，各家数目不同。《史记》不详其事，刘子骏以为有《左传》。《汉书·河间献王传》言：求得书皆古文先秦旧书《周官》《尚书》《礼记》《孟子》《老子》之属，皆经传说记、七十子之徒所论。立《毛氏诗》《左氏春秋》博士。《鲁恭王传》言得古文经传，无书名。《艺文志》云：得《古文尚书》及《礼记》《论语》《孝经》凡数十篇，皆古字也。按以《汉书》证之，恐有《左传》是刘子骏依附之说。传古学者燕赵人，多不行于鲁，当由今学与之为难，故托言其书出于鲁，以见鲁旧传其学之意，非实事也。

今、古学人好言今、古学得失，争辨申难，无所折中。窃以为虽汉已如此，然皆非也。今学如陆道，古学如水路，各有利害。实皆因地制宜，自然之致，自有陆水，便不能偏废舟车。今驾车者诋舟船之弊，行舟者鄙车马之劳，于人则掩善而著恶，于己则盖短而暴长。自旁观言之，则莫非门户之见，徒为纷更而已。

学礼烦难。今、古不足以统之，故表中多立门目。

然其中有文字异同一例，本为一家，传习既久，文字小异，此当求同，不可求异者也。如《王制》与《孟子》，《祭法》与《国语》，宜无不合矣。其中乃有小异处，后人遂张皇而不为《孟子》与《王制》《祭法》与《国语》有合，此则大非也。何以言之？《孟子》言葵丘盟词，当即《穀梁》所言，乃《孟子》详而《穀梁》略。《公羊》不在葵丘，所引则又略矣。《孟子》引孔子"其事则齐桓晋文"一节，当即《公羊》"纳北燕伯于阳"传所引，乃《公羊》与《孟子》互异。又《公羊》定元年引沈子，即《穀梁》定元年所引之沈子也。同引一师，同说一事，而文句不同。又如《左》、《国》、《礼记》、诸子之记申生事，本一事也，而所记各异。《孔子集语》集孔子之言，同一说也，而文义详略乃至大相反。此皆当求其同，而不当求其异。然此以知其源为难，苟不知其源而惟求不异，则未有不为害者矣。郑君是也。

汉初叔孙通制礼，多用古说。原庙之制，此古礼也。《周礼》祀文王于明堂，而方岳之下亦立明堂，真如齐之明堂是也。《左传》"有先君之庙曰都，无先君之庙曰邑"，此亦原庙明堂之制。惟今学乃不言明堂。立太庙，不立原庙也。古学，天子宗庙中无太庙，惟别立明堂，诸侯不立明堂，曰太庙。今学则天子诸侯同曰太庙也。今学家间有说古礼者，旧颇难于统属。今立一法以明之。以为讲今学者时说古学，如《孟子》《荀子》皆言明堂是也。此如《春秋》曲存时制之例。

古学，禘为祀天地，郊为祈谷，禘重于郊。禘者，示帝也，故谓鲁禘非礼，《穀梁》不言禘非礼。古学无祫祭。《公羊》说禘用古学，说祫用今学。今学不以禘为大祭。古学每年一禘，亦无三年一祭、五年再祭之说。

讲禘祫须先知庙制。今先作《今古学庙制图》，便知古无祫祭，今无配天禘祫之说。本数言可了，先儒含混言之，遂致纠葛耳。《左传》不立四时祭之名，《周礼》则有之。《左传》雩为祈谷，与《周礼》同，又有求雨之雩。今礼则雩专为求雨，无祈谷说。《左传》移动今学时祭，以郊、雩、烝、尝当之。四者皆为农事，所谓春祈秋赛，不专在宗庙行事者也。此《周礼》《左传》所以不同。欲分今、古礼，须先将其名目考清。某礼于古为某事，于今为某事；某礼为今、古学所有，某礼为今、古学所无；某礼无其事而有名，某礼有其实而异其号。须先考正名实，然后求细目。不先知此，则礼制不能分也。

古礼门目多，今礼仪节少。今礼如建国、爵禄、立官、选举外，其改动古学者可以计数。至于一切仪节名物，多从古说。故凡所不改者，皆今、古同者也。今为一表以收今、古不同者，以外有古无今者，则均附此篇之后。所录虽属古文，实则今礼亦如此也。

《月令》说：脾为木、肺为火、心为土、肝为金、肾为水。此古文说也。博士说：肝木、心火、脾土、肺金、肾水，今医家皆祖博士，而古文无知之者。以高下相生为序：脾居中主生为木，次肺火，次心土，次肝金，次肾水，肾生脾，又始焉。甚有理。然予说藏府，不以配五行。脾胃为中，肺心在上，肝胆在下。脾与胃对，肺与肝对，心与胆对。脾胃主消纳，肺受而为气，肝受而为血，心为气精，胆为血精。肺肝主形质，心胆主精华。气血已盛，然后肾生；气血将衰，则肾先死。肾如树木花实之性，乃五藏之精华，以为生发之机者，古书当有此说。

《周礼》封建之制与《王制》相较，一公所封多至二十四倍，此必不能合者。《孟子》以齐鲁皆百里，初以为今学门面语也。然下云"今鲁方百里者五"，以为大，似确是当时实事，继乃悟周初封国实不如《王制》之小，诸侯封大易为乱，故《王制》改为百里。鲁旧本大，《诗》有七百里之说是也。至孟子时多所侵削，所谓"鲁之削也滋甚"，非鲁多减小国，乃仅此方百里者五也。周礼本非百里，《孟子》以《王制》为周礼，皆因主其说久，周礼不可闻，故即以是为周礼。董子亦以《王制》为周礼。封建之制，变为郡县，郡之大者方广得四五百里，汉初封国大者亦四五百里，此所本也。《王制》则众建诸侯而小其力之说也。总之，《周礼》之书与《王制》同意，均非周本制，特《周礼》�摭拾时事处多，《王制》则于时制多所改变尔。

今学有大庙，古学无大庙。《明堂位记》因《春秋》有大庙，缘经为说，故曰"大庙，天子明堂"。以明堂、大庙分为天子、诸侯制，顺《春秋》大庙之文也。今学禘在大庙，古学禘不在大庙。郑曰行于圆丘。《春秋》有"禘于大庙"，当缘经为说，故《左传》曰："季夏六月，以禘礼祀周公于大庙。"言天子禘于圆丘，诸侯则禘于大庙，以顺《春秋》"禘于大庙"之文也。此《左氏》缘经立说之事也。

予言今、古，用《异义》说也。然既有许义，而更别有异同者，则予以礼制为主，许以书人为据。许以后出古文为古，先出博士为今，不知《戴记》今、古并存，以其先出有博士，遂目为今学，此大误也。其中篇帙，古说数倍于今，不究其心，但相其面，宜其有此也。《异义》明堂制，今《戴礼》说明堂篇曰云云，又引古《周礼》《孝经》说明堂文王之庙云云。按，今学不言明堂，言明堂皆古学，刘子骏所说是也。《戴记》四说皆古学之流派，非今学也。且其四说有一说以明堂为文王之庙，即许君所引古《周礼》《孝经》说也。安见其说在《周礼》便为古，在《戴记》便为今？大小《戴记》凡合于《周礼》《左传》《毛诗》者，尽为古学；合于《王制》者，尽为今学。一书兼存二家，此不以实义为主，乃以所传之先后为主。使当时《周礼》早出，得立博士，或《戴记》晚出，不得立，不又将以《周礼》为今，《戴记》为古乎？盖汉人今、古纷争，积成仇隙，博士先立，古学之士嫉之如仇。凡未立者引为一党，已立者别为一党，但问已立未立，不问所说云何。东汉之末，此风犹存。故许右古左今，著为《异义》，以《戴记》先立，尚挟忿排斥以为异端。今则无所疑嫌，平心而睹，源流悉见。康成和解两家，意亦如此。然康成合混，予主分别。合混难而拙，分别易而巧。然既合混之后，又历数千年之久，则其分之也，乃转难于康成昔日之合之矣。

《异义》引《左氏》说曰：古者先王日祭于祖、考，月祀于高、曾，时亨及二祧，岁祫于坛墠，终禘及郊宗石室。按，此说《左传》者之言也，其言本于《国语》《祭法》而不尽合。《祭法》言亲庙有五，其庙制以考为总汇，当是日祭考、月祀四亲庙，故下有下祭五殇之文。以上祭五代，故下亦得同。今说日祭祖、考，月祀高、曾，此则改五代以为四代也。至于以岁祫终禘为说，则更非《左》意矣。《国语》虽有岁、终之文，岁犹可言，终当不能定为常典。其谓王终耶，抑谓外蕃之终耶？此恐当从外蕃说，事无定，不能言时日也。至于岁一行祫，亦与烝尝禘于庙不合。大约此言亦误解纬说，妄附祫禘，而不知《左传》本义不如此也。

《礼记·冠义》《婚义》《乡饮酒》《射义》与《仪礼记》异篇，旧以为异师重篇，今乃知此《王制》今学六礼记也。以《婚义》言之，内官百二十人，与外官同，此今说。又《仪礼》为士礼，此独详王后事，可知此《王制》说。又《射义》"天予以射选诸侯、卿、大夫、士"，"古者天子之制，诸侯岁献贡士于天子"，试之于射宫，射中多者得与于义云云，及庆让余地、削地之说，全与《穀梁》《大传》《繁露》等书同，此亦今学也。古学则不贡士，皆世官，亦不以射为选举，此可知也。又《婚义》云："夫礼始于冠，本于婚，重于丧祭，尊于朝聘，和于乡射。"《王制》则云："六礼：冠、婚、丧、祭、乡、相见。"按，《王制》之相见即《婚义》之朝聘也，于士为相见。于天子为朝聘。《王制》之乡即《婚义》之乡射也。

予学《礼》，初欲从《戴记》始，然后反归于《周礼》《仪礼》。纵观博考，乃知其书浩博无涯涘，不能由支流以溯原，故以《王制》主今学，《周礼》《仪礼》主古学。先立二帜，然后招集流亡，各归部属。其有不归二派者，别量隙地处之，为立杂派。再有歧途，则为各经专说。《易》《诗》《论语》，言多寄托，大约可以今、古统之。至《尚书》《左传》《公羊》《孝经》，则每经各为一书，专属一人理之。《尚书》为史派，有沿革不同，以统《国语》及三代异制等说。庶几有所统驭，不劳而理也。

《王制》似有佚文在别篇，疑《文王世子》其一也。今观《千乘篇》，其说四辅全与《王制》文同，此孔子晚年告哀公用《春秋》说也。予初以《王制》后篇分为三公，今此篇乃以四官分主四时，今用其说主四官，特司寇不入三公数耳。又《王制》言大司徒以教士车甲，《千乘》作司马是也。上下文同，司马主兵，知司马义长。不然，《王制》说司马主兵者不见矣。今取为注，则官职之事详矣。得此辅证，又一字千金也。

《孔子三朝记》皆晚年之说，故多同《王制》《千乘》《四代》《虞戴德》等篇是也。故《虞戴德》多与《穀梁》合。如天子朝日，"诸侯相见，卿为介，以其教士毕行，使仁守"。及射礼、庆让诸节，此其文义皆同《穀梁传》。文与今学合者，旧多失引，一俟《王制义证》成，再为补改也。

《千乘篇》者，《王制》说也。《王制》言三公，而《千乘》多司寇，分主四时。《王制》言司寇事甚详，既不得谓《千乘》与《王制》不合，又不得谓司寇非秋官，疑当依《千乘》作四官。司寇既掌四时，其不与三公敌体者，乃任德不任刑之意。故其所掌与三公同，而退班在三公后。《王制》：司寇献狱之成于三公，而三公听之，然后献于王，此司寇受制三公之证也。盖乐正，司徒之副；司寇，司马之附；市，司空之副。三者为九卿之首。然乐正犹为上公佐，司寇乃为中公佐。一主教，一主刑，刑不先教，虽司寇不敌乐正之尊，此孔子任德不任刑之意也。董子之说，盖原本于是矣。

人见庐山图，皆知其只一面，而全山不见也。然习见此图，目中虽以为一面，而心中遂以为足以尽庐山，故见其左右及后面之图，则骇然以为别山而非庐，此人情也。人日读《王制》，以为此正面也。及观《孟》、《荀》、《大传》、《繁露》、《外传》、纬候制度，则以为别山而非庐，此又人情也。故凡《孟》《荀》《书》《诗》《春秋》师说、纬候之文，多各异端，不能得其纲领，不以为异说，则以为伪撰，不以为传闻，则以为讹脱，而孰知其即庐山之别面也哉！予故类集而推考之，诸书各说一面，合之乃全，或左或右，或全或后，于是向之區而不圆者，今乃有楞象，其中曲折，亦俱全备。譬之人身，《王制》其面目四体而已，诸书乃其藏府肠胃、经络脉理。今但言面目四体，则是木偶；必须得其藏府清和，经络通畅，乃知行步饮食，出谋发言。苟不及诸书，则是木偶《王制》而已。

《王制》一篇，以后来书志推之：其言爵禄，则职官志也；其言封建九州，则地理志也；其言命官、兴学，则选举志也；其言巡狩、吉凶、军宾，则礼乐志也；其言国用，则食货志也；其言司马所掌，则兵志也；其言司寇，则刑法志也；其言四夷，则外夷诸传也。大约宏纲巨领，皆已具此，宜其为一王大法欤！

古学六卿。今六部之所仿也。今学则只三公：司徒主教，礼部是也；司空主养，户部是也；其余吏、兵、刑、工四部，今学皆以司马一官统之。可见其专力于养教之事。古学分一司马为四官，今反重吏、兵、刑为繁缺，毋怪教养之政膜不相关也。

《王制义证》中当有图表，如九州图、建国九十三图、二百一十国图、制爵表、制禄表，务使此书隐微曲折，无不备见，又皆可推行，虽耗岁月所不辞也。

或疑古学出于燕、赵为无据，曰：荀子赵人，《韩诗》燕人，皆为今学，岂能必燕、赵为古？叔孙通、贾子亦非燕、赵人，此可疑者也。然古学秦前无考，汉初不成家，先师姓名俱不传，又何能定其地？西汉古学，惟《毛诗》早出成家，今据以立说者，特以《毛诗》为主。毛公赵人，又为河间博士，且鲁无古说，齐则有兼采，以此推之，必在齐北，此可以义起者也。今、古之分，亦非拘墟所能尽，以乡土立义，取人易明耳。至于实考其源，则书缺有间，除《毛诗》以外，未能实指也。